中等职业教育"十三五"精品规划教材

王玉霞　魏本水　刘桂鹏／主编

四川科学技术出版社

·成都·

图书在版编目(CIP)数据

中职生就业与创业指导/王玉霞,魏本水,刘桂鹏主编.— 成都:四川科学技术出版社,2019.11
ISBN 978-7-5364-9646-0

Ⅰ.①中… Ⅱ.①王…②魏…③刘… Ⅲ.①职业选择－中等专业学校－教材 Ⅳ.①G717.38

中国版本图书馆CIP数据核字(2019)第251211号

中职生就业与创业指导
ZHONGZHISHENG JIUYE YU CHUANGYE ZHIDAO

主　编	王玉霞　魏本水　刘桂鹏
出 品 人	钱丹凝
责任编辑	陈　婷　张　蓉
封面设计	摘星图书
责任出版	欧晓春
出版发行	四川科学技术出版社
	成都市槐树街2号　邮政编码　610031
	官方微博：http://e.weibo.com/sckjcbs
	官方微信公众号：sckjcbs
	传真．028-87734039
成品尺寸	170 mm×240 mm
印　张	12.5　字数 210千
印　刷	长沙长大成彩印有限公司
版　次	2019年11月第1版
印　次	2019年11月第1次印刷
定　价	29.80元

ISBN 978-7-5364-9646-0

邮购：四川省成都市槐树街2号　邮政编码：610031
电话：028-87734035

■ 版权所有　翻印必究 ■

前言

随着我国中等职业教育的发展，中职生就业的话题日益成为公众关注的热点和焦点。就业为民生之本，如何帮助学生提高就业竞争力和综合素质，成为各高校乃至整个国家、社会工作的重中之重。中职生的就业指导课程不应只停留在毕业前的求职技巧指导上，而应贯彻到方方面面，即从就业观念的转变到求职过程的技巧，最后到创业的决策等。本书的编写结合了近几年中职生就业的实际情况，旨在帮助广大中职生提前做好就业与创业的准备。本书结合中职生的学业特点及未来职业的发展趋势，以"就业与创业"为主线，以培养中职技术人才为目标，具有很强的针对性、实用性、指导性和可操作性。

为了帮助中职生树立正确的就业观，了解我国的就业形势与创业形势，明确就业的相关法律法规，掌握基本的就业方法和创业途径，做好适应职场、融入社会的心理准备，本书结合大量案例，内容丰富，通俗易懂的解析让学生能轻松理解相关知识，可作为中等职业技术学校毕业生就业与创业指导的教材。

本书具有以下特点：

（1）通俗易懂。每一章节都有案例导入和案例解析，以对应各个章节的主要内容，便于让中职生对理论知识的理解更加容易和深刻。每一章节的内容在文字叙述上都深入浅出，内容通顺、合理、易懂。

（2）可操作性强。本书内容贴近中职生就业和创业所需了解和掌握的知识，如就业相关的法律法规、就职心理调节、就业技巧、创业程序等，章节中还穿插了相关的知识链接，加深学生对相关内容的理解和认识，这对中职生就业与创业具有很强的指导性。

本书由王玉霞、魏本水和刘桂鹏主编，期待本书能为毕业生们指点迷津，能为中等职业技术学校的就业指导工作尽绵薄之力。

本书在编写过程中得到了广大师生和专家学者的大力支持和帮助，并参考了大量中高等职业技术学校的相关教材、专家学者的著作和其他相关资料，特别是得到了惠民县职业中等专业学校的帮助，在此深表感谢！由于水平有限，加之时间仓促，书中难免存在疏漏和不足之处，敬请广大专家、学者批评指正。

编　者

2019 年 5 月

目录
CONTENTS

第一章　职业基础 / 001
　　第一节　职业的基本概述 / 001
　　第二节　职业的历史变迁 / 014

第二章　就业政策与形式 / 021
　　第一节　就业的基本概述 / 021
　　第二节　就业政策与方针 / 026
　　第三节　中职生就业形势 / 036

第三章　就业准备 / 041
　　第一节　职业素养的准备 / 041
　　第二节　就业信息的收集与处理 / 056
　　第三节　求职材料的准备 / 071

第四章　就业方法和技巧 / 081
　　第一节　自荐 / 081
　　第二节　笔试 / 086
　　第三节　面试 / 093

第五章 毕业程序与就业法律法规 / 108

第一节 毕业生就业程序 / 108
第二节 毕业生就业权利与义务 / 113
第三节 就业协议与劳动合同 / 118
第四节 《劳动法》和就业其他相关法律 / 132

第六章 创业基础 / 139

第一节 创业概述与素质 / 139
第二节 创业背景与政策 / 146
第三节 创业融资 / 150
第四节 创业风险 / 158

第七章 创业程序 / 165

第一节 创业机会与项目 / 165
第二节 创业计划书 / 172
第三节 企业办理 / 180
第四节 企业管理与危机处理 / 185

第一章 职业基础

【学习要点】

1. 掌握职业的含义、特性、作用、分类。
2. 了解职业的发展变化和基本要求。

第一节 职业的基本概述

案例

小刘,初中毕业后就读于四川省成都市某职业卫生学校,学习护理。毕业后,她回到老家的镇卫生所当护士,每个月有固定的收入,个人生活有了保障,她还利用业余时间自考本科,并拿到了毕业证书。小刘工作努力,善于与人沟通,专业技能突出,工作中得到病人及同事、领导的肯定和认可,被镇卫生所评为"模范护士"。小刘为自己所做的工作感到自豪,觉得自己的职业是一个伟大、光荣的职业。

小张,初中毕业后就读于湖北省武汉市一所职业汽车专修学校,毕业后在武汉的一家汽车修理公司修车,他每月有固定的底薪和不定的绩效。但是,小张在毕业后的一年里换了三份工作,从最初的修车工换到汽车销售员,最后一份工作是在一家房产中介当房屋销售员。小张始终对工作都不满意,认为自己做过的每一份工作都不适合自己。

> 【思考】
> 为什么小刘和小张对待各自的工作认同不一样呢？小张是工作能力不行，还是对职业不了解？

中等职业院校的学生选择适合自己的职业是事业成功的第一步，社会上的职业种类繁多，中职生了解和掌握职业的基本知识和技能，对今后的就业选择和学习具有重要的指导意义。

一、职业的含义

职业是一种社会现象，从不同的角度看职业其定义也不同。从社会角度看，职业是劳动者获得的社会角色，劳动者为社会承担一定的义务和责任，并获得相应的报酬；从国民经济活动所需要的人力资源角度看，职业是指不同性质、不同内容、不同形式、不同操作的专门劳动岗位。综上可知，职业是指参与社会分工，用专业知识和技能创造物质或精神财富，获取合理报酬，丰富社会物质或精神生活的一项工作。

二、职业的特性

（一）社会性

职业的社会性是指职业为社会所需要的，是劳动者进行社会生产的活动。每一种职业都是一种社会活动，每一种职业都体现了社会分工，每一种职业在社会上都需要得到认可。

（二）多样性

职业的多样性指岗位的多种多样，比如有教师、金融师、演员、作家、歌手等。每一个职业工作的要求都不一样，多样性的岗位对工作对象、工作性质、工作条件的要求都不同，职业的多样性对社会的经济发展和人类的文明起到了关键性的作用。

（三）技术性

职业的技术性是指不同的职业有不同的技术要求，每一种职业往往表现出相应的技能要求。职业的技术性要求即将步入职场的学生，或是已经在职场的学生努力学好专业知识，掌握专业技能，以专业优势谋求事业的发展；也要求他们不断地更新专业技术技能，紧跟时代发展的步伐。

（四）时代性

科学技术、人们的生活方式和习惯等因素的变化使得新的职业出现，旧的职业逐渐淘汰，从而导致职业被打上了时代的"烙印"，不同的时代有着不同的职业。比如上海的垃圾分类政策使得上海就业岗位增加，出现了垃圾分类检查员。

（五）市场性

职业的市场性指因不同职业对市场的供应关系，不同职业对市场的供求关系的不同。有的职业在社会中需求量小，人员过多，这时就是供过于求。有的职业需求很大，但人员远远不够，那么就业就比较容易，工资往往较高，这时则是供不应求。不同的职业在市场中会有一丝差别，这些差别根据不同国家的情况、社会的变化而变化。

（六）规范性

职业的规范性是指人们在就业活动中应遵守的操作规则、办事章程、职业道德规范和在职业活动中养成的种种习惯等。职业规范或以法律、法规明确规定，或以组织章程、有关公约和守则的方式体现出来，或以一些约定俗成的非正式的规范表现出来。但无论何种职业活动都要受到一定职业规范的约束。

（七）经济性

职业的经济性是指人们从事某种职业，并取得经济成果，从而获得经济收入或报酬。职业的经济性是支持人们生活的主要来源，人们通过职业活动，获得报酬，能实现一定的经济自由。

三、职业的作用

（一）职业是人们获得经济的主要途径

职业是个人获得经济收入的主要途径，是维持个人和家庭生活的物质基础。职业活动区别于其他活动的重要标志是，职业以获取经济收入、取得报酬为目的，而在现实生活中人们从事职业活动不仅仅是为了取得一定的报酬，还是为社会创造财富，实现社会物质财富和精神财富的积累。

（二）职业能够使人获得精神满足

职业不仅有物质报酬，还能获得精神上的鼓励和满足，比如在职业中获得名誉、社会地位、社会知名度、权利等，这些会使得个人内心得到满足。追求较高的社会地位，是许多人重要的人生目标。

（三）职业能够促进个人的发展

职业是个人发展的重要途径，当从事的职业能使个人的特长、兴趣得到充分发挥时，也就促进了个性的充分发展。因为职业对个人的知识、技能、生理和心理等有着不同的要求，从事某种职业可以在特定岗位上发挥专长和才能，在长期的实践中提升自身的水平，完善自身的素质，对人的兴趣、爱好和性格等有不同程度的影响。

（四）职业是社会稳定的基石

社会中有各种各样的职业，不同的职业对社会的经济繁荣、社会稳定起着重要的作用。某种程度上讲，职业是一种社会控制方式。职业的内容、结构和形式是社会经济制度的重要组成部分，是社会经济发展水平的体现。职业活动创造的物质财富不仅维持了人类的生存和繁衍，也为社会存在和发展奠定了物质基础。

（五）职业是个人贡献社会的主要途径

职业是个人抱负社会，为社会做贡献的主要途径，通过工作，能够让社会资源实现有效地整合，从而为社会做出奉献。比如慈善机构的慈善家，通过利用自己的人力、财力、物力资源，为贫困地区的人民提供物质帮助和精神安慰，从而贡献社会。

四、职业的分类

职业的分类，也称职业的类型，职业的类型多种多样，每一种职业都有其自身的特点和规律。

职业的分类是以工作性质的同一性为基本原则，通过对全社会就业人员所从事的各类职业进行分析和研究，按不同的职业性质、活动方式、技术要求、管理范围进行划分和归类的工作过程，以揭示各种职业间的区别和联系。

（一）国际标准职业分类

职业的分类从国际上看，有以下两种形式。

第一种，依据各个职业的主要职责或"从事的工作"进行分类。《国际标准职业分类》对职业类型做了详尽的描述，其结构由粗至细共分4个层次，即8个大类、83个小类、284个细类、1506个职业项目，总共列出职业1881个。其中8大类是：①专家、技术人员及有关工作者；②政府官员和企业经理；③事务工作者和有关工作者；④销售工作者；⑤服务工作者；⑥农业、牧业、林业工作者及渔民、猎人；⑦生产和有关工作者、运输设备操作者和劳动者；⑧不能按职业分类的劳动者。《国际标准职业分类》划分职业类别所采用的基本原则是按照从事工作的类型来归类的，并根据具体的职业范围确定从事工作类型的同一性的含义。

第二种，依据劳动者的人格类型和心理差异对职业类型进行分类。国外通常把职业分为6个大类，即技能型、研究型、艺术型、经营型、社交型和事务型。本节就劳动者心理的个别差异的职业分类进行具体描述。

1. 技能型

（1）共同特点：愿意使用工具从事操作性工作，动手能力强，做事手脚灵活，动作协调。偏好于具体任务，不善言辞，做事保守，较为谦虚。缺乏社交能力，通常喜欢独立做事。

（2）性格特点：迟钝、不讲究、谦逊、踏实稳重、诚实可靠。

（3）职业能力：能够使用工具、机器，并具备基本操作技能，要求具备机械方面的才能、体力，或对从事与物件、机器、工具、运动器材、植物、动物相关的职业有兴趣，并具备相应的能力。

典型职业：计算机硬件人员、摄影师、制图员、机械装配工、木匠、厨师、技工、修理工、农民等。

2. 事务型

（1）共同特点：尊重权威和规章制度，喜欢按计划办事，细心、有条理，习惯接受他人的指挥和领导，自己不谋求领导职务。喜欢关注实际和细节情况，通常较为谨慎和保守，缺乏创造性，不喜欢冒险和竞争，富有自我牺牲精神。

（2）性格特点：有责任心、依赖性强、高效率、稳重踏实、细致、有耐心。

（3）职业能力：注意细节、精确度、有系统有条理，能够根据特定要求或程序组织、数据和文字信息记录、归档，并具备相应的能力。

典型职业：秘书、办公室人员、记事员、会计、行政助理、图书馆管理员、出纳员、打字员、投资分析员等。

注意：事务型的人做事有耐心、细致，如果人的事务兴趣弱，通常表现为做事较粗心，容易丢三落四，不够踏实。

3. 研究型

（1）共同特点：思想家而非实干家，抽象思维能力强，求知欲强，肯动脑，善思考，不愿动手。喜欢独立的和富有创造性的工作。知识渊博，有学识、才能，不善于领导他人。考虑问题理性，做事喜欢精确，喜欢逻辑分析和推理，不断探讨未知的领域。

（2）性格特点：坚持性强，有韧性，喜欢钻研。为人好奇，独立性强。

（3）职业能力：能对智力的、抽象的、分析的、独立的定向任务进行分析，并将其用于观察、估测、衡量、形成理论，最终解决问题，并具备相应的能力。

典型职业：科学研究人员、教师、工程师、电脑编程人员、医生、系统分析员等。

注意：工作中调研兴趣强的人做事较为坚持，有韧性，善始善终；调研兴趣弱的人，做事通常容易浅尝辄止。

4. 艺术型

（1）共同特点：有创造力，乐于创造新颖、与众不同的成果，渴望表现自己的个性，实现自身的价值。做事理想化，追求完美，不重实际。具有一定的艺术才能和个性。善于表达、怀旧、心态较为复杂。

（2）性格特点：有创造性，敏感，容易情绪化，较冲动，不服从指挥。

（3）职业能力：要求具备艺术修养、创造力、表达能力和直觉，并将其用于语言、行为、声音、颜色和形式的审美、思索和感受，具备相应的能力。

典型职业：演员、导演、艺术设计师、雕刻家、建筑师、摄影家、广告制作人、歌唱家、作曲家、乐队指挥、小说家、诗人、剧作家等。

注：通常在企业中艺术兴趣高的人倾向于理想化，做事追求完美。在企业中，艺术的测试不是指人们做艺术工作，而是工作中的艺术，倾向于将事情做得漂亮、有美感、有情调、锦上添花，追求完美。

5. 经营型

（1）共同特征：追求权利、权威和物质财富，具有领导才能。喜欢竞争，敢冒风险，有野心、抱负。为人务实，习惯以利益得失、权利、地位、金钱等来衡量做事的价值，做事有较强的目的性。

（2）性格特点：善辩、精力旺盛、独断、乐观、自信、好交际、机敏、有支配愿望。

（3）职业能力：要求具备经营、管理、劝服、监督和领导才能，喜欢以实现政治、社会及经济抱负为目标的工作，并具备相应的能力。

> 典型职业：项目经理、销售人员、营销管理人员、政府官员、企业领导、法官、律师等。

注：工作中通常要求管理人员和销售人员要有较强的企业兴趣，企业兴趣强则做事的目的性强，推动性也较强；若企业兴趣弱，则做事的推动性较弱，速度较慢。

6. 社交型

（1）共同特征：喜欢与人交往，善言谈、愿意教导别人。关心社会问题、渴望发挥自己的社会作用，寻求广泛的人际关系，比较看重社会义务和社会道德。

（2）性格特点：为人友好、热情、善解人意、乐于助人。

（3）职业能力：喜欢与人打交道的工作，能够不断结交新的朋友，从事提供信息、启迪、帮助、培训、开发或治疗等事务，并具备相应的能力。

> 典型职业：教师、教育行政人员、咨询人员、公关人员等。

（二）我国国家标准职业分类

1986 年，国家统计局和国家标准局首次颁布了中华人民共和国国家标准《职业分类与代码》，并启动了编制国家统一职业分类标准的宏大工程。这次颁布的《职业分类与代码》将全国职业分为 8 个大类、63 个中类、303 个小类。1999 年 5 月正式颁布实施了《中华人民共和国职业分类大典》。

《中华人民共和国职业分类大典》把我国职业划分为由大到小、由粗到细的 4 个层次：大类（8 个）、中类（66 个）、小类（413 个）、细类（1 838 个）。细类为最小类别，即职业。8 个大类分别如表 1-1 所示。

表 1-1 《中华人民共和国职业分类大典》职业分类

类别号	类别名称	类别编码	中类	小类	（细类）职业
第一大类	国家机关、党群组织、企业、事业单位负责人	1（GBM 0）	5	16	25+0
第二大类	专业技术人员	2（GBM1/2）	14	115	379+21
第三大类	办事人员和有关人员	3（GBM 3）	4	12	45+1
第四大类	商业、服务业人员	4（GBM 4）	8	43	147+22
第五大类	农、林、牧、渔、水利业生产	5（GBM 5）	6	20	121+8
第六大类	生产、运输设备操作人员及有关人员	6（GBM 6/7/8/9）	27	195	1 119+22
第七大类	军人	7（GBM X）	1	1	1+0
第八大类	不便分类的其他从业人员	8（GBM Y）	1	1	1+0

注：1. 中类是大类的子类，是对大类的分解
2. 小类是中类的子类，是对中类的分解
3. 细类是本大典最基本的分类，即职业

五、职业、产业和行业

（一）职业与产业

职业与国民经济部门中的产业有着密切的联系。国民经济部门是由社会分工而独立出来的、专门从事某一类别生产经营活动的单位总和。产业是国家经济部门按照国民经济的产业结构进行划分的，通常分为三大产业部门，即第一产业：农业，第二产业：加工制造业，第三产业：服务业。

1. 第一产业：农业

农业指人们利用生物的生长机能，采用人工培养和养殖的办法，以取得产品的物质生产部门。按农业生产的经营范围区分，有狭义农业和广义农业。在我国，狭义农业泛指种植业，它包括种植粮食作物与经济作物；广义农业除种植业外，还包括林业、畜牧业、副业和渔业。这五业合在一起通常被称为"大农业"。农业是国民经济的基础，农业部门的职业包括农业、林业、畜牧业、渔业的劳动者、管理人员、专门技术人员、技术人员、技术工人等。农业部门中各种不同的职业，对从事农业生产、经营或技术的劳动者有着不同的技术与文化的要求，其劳动特点也不同。

2. 第二产业：加工制造业

第二产业是加工制造业，简称工业，它是社会大生产的主导。工业是采掘自然物质资源和对各种原材料进行再加工、深加工的物质生产领域。它所包含的行业和门类较多。按照劳动对象，可分为采掘工业和加工制造业。工业在社会化大生产中的主导功能表现在为国民经济各部门提供先进的技术装备，它是各部门进行技术改造、实现现代化的物质技术先导。例如，传统农业主要靠人和畜类的粪便为肥料来发展地力，靠精耕细作提高单位面积产量。而在工业化基础上的现代化农业是用优良品种、化肥、农药、除草剂、农用机械等和工业产品提高产量和质量。总之，工业在国民经济中占有非常重要的地位，发挥着主导作用，即起着领导和决定方向的作用。工业企业中的从业人员划分为四大类，即经营管理人员、生产工人、工程技术人员和其他辅助人员。

3. 第三产业：服务业

第三产业主要是服务业，是指除第一、第二产业以外的向全社会提供各种各样服务的服务性行业。第三产业的内涵非常丰富，它是随着生产力的发展而变化的。它所包括的部门在不断扩大、增多，因而第三产业是个发展性的概念。第三产业可具体分为两大部门：一是流通部门；二是服务部门。再细分又可分为四个层次：第一层次的流通部门，包括交通运输行业、邮电通讯行业、物资供销和仓储行业；第二层次为生产和生活服务的部门，包括金融业、商业、饮食业、保险业、地质普查业、房地产业、公用事业、技术服务业和生活服务修理业务；第三层次为提高科学文化水平和居民素质服务的部门，包括教育文化、广播电视事业、科学研究事业、卫生、体育和社会福利事业；第四层次为社会公共需要服务的部门，包括国家机关、党政机关、社会团体，以及军队和警察公安司法机关等。

第三产业以第一、第二产业所创造的物质产品为基本条件，通过服务的形式生产出非物质形态的产品，满足第一、第二产业及社会生活的多种需要。这种服务性的产业活动就像"润滑剂"和"增效剂"，渗透到第一、第二产业，物化于各物质生产要素之中。

（二）职业与行业

行业是根据企事业单位所使用加工的原料、所生产的物品或提供的服务不同来表示的社会分工类别。每一个国民经济部门或产业包括许多行业，物质生产部门也可以按其所提供的服务性质分为各种行业。各种行业在社会分工体系中都有着其自身特定的含义、范围和地位，不同行业之间在职责内容上既有明显的界限，也有密切的联系。

我国的《国民经济行业分类与代码》于1984年制定，于1994年和2002年进行修订，2011年进行第三次修订。2017年进行第四次修订，将其中的行业分为20个门类，97个大类，473个中类，1 380个小类。其中20个门类的名称和代码如下：

    A. 农、林、牧、渔业

    B. 采矿业

    C. 制造业

    D. 电力、燃气及水的生产和供应业

    E. 建筑业

    F. 批发和零售业

    G. 交通运输、仓储和邮政业

    H. 住宿和餐饮业

    I. 信息传输、计算机服务和软件业

    J. 金融业

    K. 房地产业

    L. 租赁和商务服务业

    M. 科学研究、技术服业

    N. 水利、环境和公共设施管理业

    O. 居民服务、修理和其他服务业

    P. 教育

    Q. 卫生、社会工作

    R. 文化、体育和娱乐业

    S. 公共管理、社会保障和社会组织

    T. 国际组织

职业与行业之间相互交叉，一种职业主要存在于某一行业之中，而不同的行业可以含有相同的职业。各种职业之间存在着密切的联系，它们共同推动着国民经济的正常运转，整个国民经济的分工体系正是由产业到行业再到职业这三个层次组成的。

(三)产业、行业与职业的关系

产业、行业和职业三者之间既有相同点,联系密切,又是有区别的。

产业、行业和职业都是社会分工的产物,是社会生产力不断发展的必然结果。这是它们在本质上的共同点。在社会发展中,随着新技术的出现,产生了新产品及相应的从业人员。随着新产品的生产及相应从业人员数量的不断扩张,新的行业逐渐形成。当新行业发展到一定规模时,就会与其他相关行业进行整合,依据发挥作用的程度并入或形成新的产业。

产业、行业和职业的不同之处是它们在国民经济领域中,从着眼点的层次上是由高到低的,概念上涉及的范围是由大到小的。产业的着眼点是生产力布局的宏观领域,体现的是以产业为单位的生产力布局上的社会分工,产业由行业组成。行业的着眼点是企业或组织生产产品的微观领域,体现的是以行业为单位的产品在生产上的社会分工,行业由企业或组织组成。职业的着眼点是组织内工作人员的具体工种,体现的是在以人为单位的劳动技能上的社会分工,职业是由人的技能组成的。由上可知,这三者各有区别。

六、职业与专业

由于社会分工的存在,人们从事着不同的社会劳动,在不同的国民经济产业、行业领域中,有成千上万种不同的职业。专业和职业是两种不同属性的概念,但是两者又有密切的联系。所谓专业,是指学校根据社会分工的需要分成的学业门类,它是从学科与技术、学习与培养的角度来划分的。为帮助学生掌握更多的专业知识和技能,便于学生多方面就业,不少学校除完成本专业教学计划之外,还增开第二专业的课程,供学生选修。而职业则是从生产劳动的角度对工作形式所做的区分。

不管学习哪个专业,都可大体上知道将来要从事的职业领域。例如,从大的分类讲,学工科的可以当工程师、技术员、技师、技工;学农科的可以当农业劳动者、农业技术员和农业经营者;学服务的可以当服务员、营业员、售票员,也可以当经理等。一个具体的专业可以是社会上的一个具体的职业,也可以是社会上的多种职业,例如,机电专业,可以在制造业、建筑业里当钳工、电工和机修工,也可以个体经营创业当维修工。又如,计算机专业,它面临的职业更各种各样,计算机制造工程师、专业软件编制员、计算机调试和维修人员、电子保安人员、计算机辅助设计人员、计算机培训人员、计算机信息情报员、计算机操作和应用人员等。

中职院校的专业设置是与当地社会经济发展的需要密切结合的。它强调专业对职业的适应性和应用性。在科学技术飞速发展、社会主义市场经济制度逐步建立的今天，专业设置已从过去按行业、产品、岗位细分专业的做法，逐步深化为综合交叉型。专业的课程内容也不再只为一种工作做准备，而是为某一领域的通用技术奠定基础，使学生能在各行各业中多专多能。

七、专业与就业

一个人具备的专业知识和技能是进入职场的起点，现在大多数用人单位是按岗位招聘，要求"专业对口"。一般来说，想要进入某个行业、从事某种职业，最好是选择相关或相近的专业知识学习。那些就业稳定、薪资待遇高、发展前景好的专业往往受到学生家长的追捧。然而，这样的专业往往在填报志愿时，竞争就已经开始了，而无数的事实证明一个人无论是出于主动还是盲从而选择了某一专业，他都无法保证该专业一定是自己将来要从事的职业。尤其在就业形势较为严峻、劳动力市场竞争较为激烈的情况下，虽然通过对某一个专业的学习，具备了某一方面的知识和技能，也拿到了毕业证书和技能等级证书，但并不等于马上就可以找到理想的对口工作，甚至有可能出现"毕业即失业"的现象。

专业与就业的关系，大致有三类：第一类，专业与就业紧密相连，所从事的职业与专业紧密对应；第二类，专业与就业相关或相近，即所从事的职业与所学专业有一定相关性；第三类，专业与就业无关，即所从事的职业，与原来所学的专业没有关系。

很多人把专业对口就业视为最理想的就业，把专业不对口就业视为人才浪费和教育浪费。其实不然，这要看具体个体的兴趣、能力和职业选择。专业对口就业，强调的是在职业发展中可直接用到以往所学的专业知识、技能。而专业不对口就业，强调的则是通过专业学习而培养的能力，这种能力可以拓宽就业面，即跨专业就业。例如，一个学新闻专业的学生，到新闻媒体做记者，这是专业对口就业；一个理工科专业毕业的学生，也到新闻媒体做记者，这是专业不相关就业，但他要具备当记者的能力。当今，跨专业就业已经成为一些企业招聘人才的一个重要参考标准，全球第一大管理咨询公司麦肯锡每年招收的毕业生中有学文科的，有学工科的，还有学经济学的，等等。

从职业对专业的要求看，职业也分为三类：第一类，专业与职业紧密相连，从事这类职业，必须有学习某一专业的学历，这类职业有执业资格要求，比如当医生，必须是医学专业；第二类，专业与职业相关或相近，从事这类职业，会有一定的专业学历要求，但并不强求必须从某一专业毕业；第三类，专业与职业无关，即任何专业毕业的学生，只要达到这一职业的从业要求，都可就业，比如一些管理、服务职业。

专业选择是个人的事情，但是，对每一个有志向、有追求的青年来说，国家的利益更重要。从根本上看，国家利益与个人利益、长远利益与眼前利益是一致的。个人理想只有和国家需要相一致的时候才是最美好、最有价值的。中职院校培养的最终目标是为祖国建设输送各类人才，这一目标应该是青年学生的成长目标。但是，学生也不应被所学的专业"框死"，而要审时度势，根据实际需求，抓住就业机遇，立足于"先就业，后择业，先生存后发展"的做法。实际上，专业与职业以及人的专业基础知识和职业能力是一个动态过程。职业、社会环境在社会经济发展中不断变化，职业意向、职业能力也必须在学习中不断地变化。

案例解析

● 为什么小刘和小张对待各自的工作认同不一样呢？小张是工作能力不行，还是对职业不了解？

小刘和小张对各自的工作认同不一样的最大原因是他们对待职业的理念不同。小刘毕业后从事的工作和自己的专业相对口，工作中遵守职业规则，根据自身的能力和单位发展情况，利用工作业余时间提高自己的职业技能，工作能力的提高让她被评为"模范护士"，这加强了小刘对工作的积极性和信心。小刘的身上充分体现了职业的特征和作用。

小张虽然最开始从事的是与自己专业相对口的工作，但是他本人并没有充分地认识到职业的技能需要在工作中不断地学习才能提高，没有认识到社会对劳动者的能力和素质要求在不断地提高。小张只知把工作当成是可以"混口饭吃"的工具，并没有优异的学习技能和苦练自己的职业技能和素养，没有充分发挥职业在帮助个人获得精神满足、促进个人全面发展以及为社会做贡献的作用，也没有满足职业的技能要求和遵守职业的规范。所以工作换了一份又一份，小张对自己越来越不满意，自己的未来越来越没方向。

第二节 职业的历史变迁

张先生是20世纪80年代的一名出租车司机。在20世纪80年代,成为一名司机,无论是出租车司机还是大货车司机,都是一份收入不错的职业,但是现在却不是这样了。

李女士是20世纪90年代的食品批发部的工作人员。在20世纪90年代,"下海"经商的风潮在全国涌起,那时的大多数人都有这样的想法。于是李女士开始做食品批发工作,并做了25年左右。但是现在,随着机器化的到来,传统的批发工作受到了严重的挑战。

王先生在2007年是一名信息系统开发人员,2011年后,互联网迅速发展,能够编程的程序员要求数量加大,于是王先生于2012年辞掉工作,开始重新学习与此相关的知识。2013年他考上了研究生,2016年他硕士研究生毕业,并在一家大型技术互联网公司担任资深算法工程师。

【思考】

1. 案例表现出了职业的什么特性?
2. 案例中的三位主人公的职业分别有什么不同,不同的社会时代反映出了职业怎样的变化?

一、职业的产生和发展

职业跟我们的生活密切相关,它是一种社会现象,是人类社会生产力发展到一定阶段的产物,是随着社会分工的出现而产生的,并随着生产力的提高和需要而不断发展。

在原始社会初期,由于社会生产力水平极其低下,生产手段和过程都十分简单,除了男子狩猎捕鱼、女子采集养育等自然分工以外,没有其他明显的社会分工,以致生产劳动中没有形成明确的社会职能,也就无职业可言。到了旧石器时代晚期,氏族里开始形成了按性别和年龄的分工,这时就产生了职业。随着生产力的发展,原始农业和原始畜牧业也有了较大的发展,需要有人专门从事农业,有人专门从事畜牧业,这时渐渐出现了农业和畜牧业的分工,而紧随其后的手工业与农业和畜牧业脱离开来,这标志着职业的产生。到了原始社会末期,由于生产力的发展,导致了剩余产品的出现,商品就应运而生。商人开始出现,人们开始专门从事不同的社会活动,而社会活动要求专门的知识、技能、经验、能力等。这是人类社会的三次大分工。在这三次社会分工之后,产生私有制,出现了阶级,从而引发了体力劳动和脑力劳动的分工和对立。人们在社会生活中不得不对社会承担一定的责任,从事专门的业务,由此便出现了人类社会最初的职业:农夫、牧人、工匠、商人等。

奴隶社会,社会生产力获得了长足的发展,社会分工日益细化,职业随之增多,每一个生产部分都有具体的分工,如车辆的制作有专门造轮子的"轮人"、专门制车厢的"舆人"和专门制车辕的"辀人"。奴隶主和富商们完全摆脱了体力劳动,其中一部分人开始专门从事管理国家、组织生产等活动。职业的种类开始增加。

封建社会使职业得到进一步的发展。随着封建社会农业经济和社会的发展,冶铁、纺织、陶瓷、造纸、印刷、造船、酿酒、制糖、制茶、漆器和武器制造等手工业、商业、自然科学和文学艺术等领域,也都有了很大的进步。除在奴隶社会已经出现的农民、手工业者、商人和生产管理者外,又出现了诸如艺术家、诗人、文学家、科学家、医生和教师等新的职业。在新行业产生与兴旺的同时,旧的、落后的行业开始逐渐消失,如冶炼技术的兴起与发展将青铜铸造业挤出了历史舞台,从事青铜铸造业的人也改行从事其他职业了。

民国时期,资本主义的入侵,一定程度上带来了职业的繁荣。传统农业、手工业被机器代替,大规模的机器生产使得职业分工更加细化,新的社会分工和新的职业不断出现,如纺织工、井工、铁匠、木匠、司锅和司草等。

中华人民共和国成立以来,我国的职业得到了空前的发展,涌现出了许多与世界接轨的新职业,特别是信息技术、生物工程、人工智能等职业,它们受到了人们的青睐。而一些传统工业正在逐渐消失,如印刷业中原有的铅字铸造业逐渐消失,取而代之的是文字录入、激光照排职业。

现在职业的种类越来越多,职业的范围越来越广,已经远远超过了"三百六十行"。根据我国最新颁布的《中华人民共和国职业分类大典》,已经有1 838个细类职业。

二、职业的变化

职业是人类社会发展到一定阶段的产物,将随着社会的变化而不断地调整,如新的职业出现,旧的职业退出历史舞台;新的职业要求新的能力,已有的职业要求也在不断地提高。

(一)职业的变化趋势

1. 职业要求不断提高

(1)传统的职业在经历消亡或变迁时,会随着工作条件的变化而有新的要求。例如,行政工作人员在以前只要求具备较好的组织协调能力、分析解决问题的能力、文字能力和口头表达能力等,但现在还要求具备社会交往能力及计算机辅助管理能力、办公自动化操作能力等。

(2)职业需求不断变迁。例如,以交通运输业、邮电通信业、商业、服务业、金融保险业、信息咨询业、租赁广告业、教育培训和文化艺术等第三产业迅速发展,而第一、第二产业会以消亡变动和重组为主。尤其是信息产业的潜力更为巨大,国外有人把其称为第四产业。这些新兴行业的出现和兴起,将为社会提供更多的就业岗位。同时,由于新技术、新成果的不断推广和应用,也将为第一、第二产业等传统产业带来新的发展机遇。

2. 永久性职业减少

未来职业发展趋势的另一个明显的特点是"永久性"工作职能被少数人拥有,从事临时性、计时性、计件性职业的人会越来越多。职业发展具有时代性,一个稳定、长期的固定职业会逐渐瓦解。传统职业逐渐会被临时职业代替,同时越来越多的工作逐渐会由那些并没有在相关公司拥有固定职位的人来完成,或以兼职的形式来完成。未来的职业无论是以脑力为主,还是以体力为主,都会出现更多的跨职能要求。

3. 专业化的职业教育越来越重要

社会需要有素质的人,职场上需要能够掌握新技术的人,要求所掌握的技术专业化、精细化。如果一个人只是单纯地从事机械化劳动,那么这个人将会被社会淘汰,因为这些职业会逐渐减少,甚至消失。比如从事管理者岗位的人,既要掌握管理者的相关知识,又要掌握管理员工的工作技术等。

(二)未来的热门职业

21世纪是全球科技迅速发展、社会全面进步、充满机遇和挑战的时期。21世纪最明显的特征是高科技的发展,一些与高科技相关的职业将成为热门的职业。据有关专家估计,新的发展时期我国热门职业将朝着以下方向发展。

1. 计算机科技类职业

当今社会已步入信息化时代,计算机应用日益普及,掌握软件开发、硬件维护、网络集成等高层次的计算机类职业的人才成为高新技术企业争夺的焦点。各大企业对计算机科技类人才的专业要求越来越多,同时这类职业的待遇也越来越优厚。

2. 电子工程类职业

现在的手机、电脑普及率非常高,而这些通信设备的出现和更新都显示了人们对信息的传递性、同步性的要求。因而移动通信、无线电技术等电子工程类职业在市场上具有巨大的发展潜力。随着国家把机械、电子、汽车制造业定为带动整个经济增长和结构升级换代的支柱产业后,与此相关的毕业生将大有用武之地,就业前景广阔。

3. 金融类职业

金融信息是指银行资金借助、贷款、债券、理财投资、期货等与金融行业有关的产业。金融行业在未来十年的发展中占据着非常重要的地位。金融行业要求从业人员掌握分析问题的能力,学会获取信息的能力,能根据定式学会分类的能力。

4. 政法类职业

当前从事法律职业的人的数量明显跟不上社会的发展。广大农村地区、中小企业的法律需求和意识还没有启动,根据相关资料统计,全国平均每万人中的律师仅为0.8个,这个比例不但低于发达国家,而且还低于一些发展中国家。因此,随着经济的发展,社会的进步,社会法治意识的增强,法治环境的改善,社会对政法类人才的需求将会越来越大。

5. 健康医学类职业

随着经济生活水平的提高,人们对自己的健康状态越来越关注,健康养生的观念也在全国的大街小巷广泛流传。人的健康生活和寿命的延长需要大批的医疗保健专家，比如中医师、按摩师、心理咨询师等。

6. 美容类职业

爱美是人之常情。随着经济的发展，人民的物质生活获得了满足，爱美的人越来越多了，追求美的人也更多了。人为了追求更美，到医院进行微整容，或定期去美容院进行保养。因此，美容行业应运而生且越来越火热。在日本和韩国等美容行业较先进的国家，美容职业师成为一个备受尊重且收入高的职业。

7. 旅游休闲类职业

越来越多的人注重在工作之余对自己的放松，越来越注重在享受物质的同时要提高精神的满足。人们对户外娱乐、休闲、旅游等活动投入了大量的金钱、时间、精力。特别是老年人，退休之后为了享受生活，往往更频繁地外出旅游。旅游行业的发展，也带动了交通业、餐饮业的发展。

8. 汽车制造类职业

据有关数据统计，2001—2016 年中国的汽车销量从 230 万辆增至 2 800 万辆，2018 年是 2 780 万辆。虽然 2018 年比 2016 年的汽车数量下降了一些，但中国的汽车销量增长点数仍是世界第一。未来中国汽车行业的发展将进入一个崭新的阶段：家庭车型在逐年增长，汽车轻量化，电动汽车快速发展。因此，与汽车制造类相关的职业，也将是一个热门职业。

除上述职业以外，还有很多新职业也将在未来成为热门职业，比如国际商务策划师、景观设计师、家具设计师和个人形象顾问等。

（三）未来的衰落职业

由于全球经济受互联网的影响，职业变化的速度不断加快，一些非常熟悉的职业甚至是目前比较热门的职业将会减少或消失。

1. 传统秘书

秘书主要是做文件归档、传递信息、邮寄信息、邮寄信件、复印材料和文件起草等工作。在计算机不普及的情况下，秘书供不应求，但是随着互联网、电子邮件、传真和办公系统软件的开发及大量普及，从事传统秘书的岗位将减少，秘书工作需要的人数也将大大减少。

2. 银行出纳员

近年来，中国银行、中国农业银行、中国建设银行和中国工商银行四大银行的出纳员工在不断减少，其他银行的出纳人数也在相应减少，并且这些银行的出纳员逐渐开始轮岗、调岗、降薪。传统需要人工服务的工作都被自动柜员机代替，只留下为数不多的出纳员来负责银行业务的前台交易。

3. 电话服务接待员

现在很多通信公司都能够提供打进或打出的语音识别系统，很多公司都有自动语音服务功能。技术的自动化将会使得越来越多的电话服务接待员岗位被撤销，只留下一两个需要服务的人员。

4. 公共图书馆管理员

现在很多图书馆都是采用了图书自动化服务，人们借书、还书可以不通过人工服务，自己就能在机器上操作。计算机已逐渐取代图书馆的卡片目录，而且不久可能取代传统意义上的图书馆，那时人们将会通过网络图书馆把图书内容传送到用户手机、电脑上。

5. 传统人工制造业

由于自动化产业的普及，一些产品的包装、工件的维修、工件的计件、机械的调整等需要的工人会越来越少，而相应的岗位也会减少，同时在职的工人也会兼任多种工作。

案例解析

- 案例表现出了职业的什么特性？

案例中表现出了职业的发展变迁。职业受社会的结构制度、生产力的提高、全球化的影响而发生职业的变动。

- 案例中的三位主人公的职业分别有什么不同，不同的社会时代反映出了职业怎样的变化？

张先生是20世纪80年代的一名出租车司机，属于城市化发展带来的一种职业。20世纪80年代改革开放，汽车十分少见，司机很少，在改革开放的大潮之下，个体户、私营企业如雨后春笋般涌现，当时非常受人们欢迎的职业有出租车司机、个体户和厨师等。

李女士是20世纪90年代的食品批发部工作人员。经过10多年的改革开放，新的生产力不断地出现，生产力的变化使得人类谋取生产和生活资料的方式发生了变化，人们的视野也得以开拓。经商是那个时代的风潮，很多人都从工厂里出来自己经营自己的事业。

　　但是，21世纪是信息化时代，互联网技术、生物技术、云计算、人工智能技术等是时代的主流。王先生是21世纪的新青年，为了不被时代淘汰，不断地积累经验，深知专业知识的重要性，然后攻读硕士学位深入研究技术，最后以高薪和高技术就职一家互联网公司。

　　三人的职业均反映了产业结构的调整与发展推动着职业结构的变迁，产业结构变化得越高级，职业结构也向着高级的方向发展。一些传统手工业、制造业的职业很容易被替代，如物流、翻译等会被机器和软件替代，而服务业、金融业、互联网与技术、教育等这些行业将成为未来10年的热门行业，相关的职业会大量地涌现并出现供不应求的景象。所以，职业没有永久性，只有不断地发展和变迁。

【讨论与思考】

1. 职业的特征是什么？

2. 职业可分为哪几种类型？

3. 未来的热门职业类型有哪些？

第二章 就业政策与形式

【学习要点】

1. 掌握就业的含义和意义。
2. 掌握就业的方针。
3. 了解目前就业的形势和走向。
4. 了解中职教育的政策与制度。

第一节 就业的基本概述

案例

2018年某中等职业技术学校高铁动车管理与服务专业毕业的小赵顺利地在自己的老家找到了一份与专业相关的工作，在当地火车站成了一名高铁乘务员。

小赵说，当初在中职毕业生招聘会上看到了相关工作的公告，说中西部地区紧招高铁乘务员。于是他抱着试一试的心态参加了面试。面试一共有3个环节：简历筛选—笔试—素质面试。经过层层筛选，他最后面试成功，与用人单位签订了为期3年的合同，找到了自己心仪的工作。

【思考】

1. 小赵的就业给了我们什么启示？
2. 小赵的就业形式属于什么类型？

一、就业的含义

"就"即"从事","业"即"工作""职业",就业是指在法定年龄内的有劳动能力和劳动愿望的人们所从事的为获取报酬或经营收入而进行的活动。就业应包括就业条件(年龄范围)、收入(报酬)、时间(每周工作时长)等,因此,就业应该满足以下四个条件才能称为就业。

(一)劳动主体年龄

就业主体即劳动者,劳动者必须达到法定就业年龄。如果劳动者没有达到法定年龄,即使从事了有报酬的社会劳动,也不能视为就业。

(二)劳动社会性

劳动者所从事的劳动必须得到社会的认可,才具有社会性。如果从事的劳动不具备社会性就不是就业。如从事自家的劳务劳动就不属于就业。

(三)劳动报酬性

它是指所从事的劳动必须要有一定的报酬或经济收入,如果所从事的劳动是无偿的如社会公益劳动就不能算是就业。

(四)劳动合法化

它是指所从事的社会活动必须具有合法性。如果所从事的劳动是违法行为,如制造假冒伪劣商品,虽然这些活动也具有社会性而且有报酬,但不能将其视为就业。

【知识链接】

小何毕业于某中等职业技术学校的汽车修理专业,毕业后在一家汽车修理店工作,老板每个月给小何固定的基本工资和一些提成。但是工作3个月后,老板要求小何向顾客介绍假冒伪劣的汽车机油,于是小何果断放弃了这份工作,因为这份工作违反了就业条件中的第四个条件——所从事的社会活动必须具有合法性。

二、就业的形式

(一)录用

它指和用人单位建立劳动关系或者通过第三方与之建立劳务关系等。

（二）聘用

它指与用人单位已签订劳动合同，或用人单位出具接收函，不需要就业报到证，可到用人单位工作。

（三）定向就业

它指定向、委培毕业生回到原定向、委培单位就业。

（四）自主创业、自主就业等灵活的就业

自主创业指创立企业（包括参与创立企业）或是新企业的所有者、管理者，包括个体经营和合伙经营两种类型。

自主就业指以个体劳动为主的一类职业，如作家、自由撰稿人、翻译工作者、中介服务工作者、某些艺术工作者等（自主创业、自由职业和其他灵活就业也需要证明材料）。

（五）升学

它包括专科毕业生升本科，本科毕业生考取研究生、考取第二学士学位等。

（六）境外就业（出国）

它指出国留学和就业等（包含港、澳地区就业）。

（七）项目就业

它指参加国家、地方项目就业，如选调生、西部计划特岗计划、三支一扶、党建组织员、预征入伍、农村教育硕士等。

（八）其他就业

它指灵活就业的其他兼职等非全日制工作形式。

三、就业的途径

（一）宣讲会

宣讲会一般指某个单位对学校的毕业生进行单独招生的形式。一般由用人单位通过高校就业指导部门安排，在学校某个地方举办的小型应届毕业生的现场招聘会。宣讲会的目的性强，应届生去听宣讲会，其应聘成功的概率比较大。

学校就业指导部门的就业网站、公告栏会公布哪些单位何时何地举办宣讲会，这样便于用人单位和学生进行双向选择。

（二）双选会

双选会是众多单位聚集在同一时间、同一地点举办的招聘会。双选会是招聘会的一种形式，参加的用人单位较多，所需的专业和人数也较多，求职者有较大的选择范围。双选会有学校组织举办的毕业生（年度）双选会、省（内）大中专毕业生双选会、行政主管部门举办的专场招聘会、各地（市）人才市场举办的招聘会等。

（三）人才派遣

人才派遣也称人才派送、人才租赁，是指用人单位通过人才中介服务机构选聘急需的人才，并由该机构分别与用人单位和派遣人员签订人才派遣合同和派遣员工合同，以规范三方在派遣期间的权利与义务，同时通过该机构为所聘人才发放薪酬、代办社会保险、管理档案等的一种新型用人方式。它的特征是用人单位与劳动者个人不存在直接的劳动关系，单位用人不"养"人，用人单位与派遣机构共同对派遣人员实行双轨制的考核管理。人才派遣按性质可分为全称派遣、接转派遣、实用派遣；按时间长短可分为长期派遣、短期派遣、阶段性派遣。人才派遣是一种新型的用人形式，但并不是所有人和所有的单位都适用。

（四）网络求职

网络求职已经成为人们就业的主要手段之一，主要包括四种形式：一是专门的招聘网站；二是用人单位的官网；三是QQ、微信、电子邮件等；四是博客求职。

（五）招聘广告

招聘广告的类型较多，如报纸、杂志、电台、电视、网络、路边广告、电子广告栏等。利用广告寻求工作已经是求职者求职的一种重要方式。

（六）亲朋好友的推荐

它指求职者利用身边的人脉关系，如老师、同学、家长、亲戚、朋友等的推荐和安排进行的就业，它是现在年轻人常见的一种就业方式。

(七)自主创业

自主创业主要是指利用自己所具备的专业知识、才能和技术,以自筹资金、技术入股、寻求合作等方式创立新的就业岗位。自主创业除了需要各方面的知识积累,还需要社会经验和处理人际关系的能力,以及良好的心理承受能力和风险意识。因此自主创业的中职生,在校期间除了学习专业知识以外,还应寻找机会深入社会,了解相关行业的基本运作模式,学习管理知识,学会处理资源、信息等。

三、就业的意义

就业的意义有社会层面和个人层面两类。

从社会层面而言,就业是民生之本,个体使用自己的劳动力与生产资料相结合,生产出社会所需要的物质财富和精神财富,从而促进社会的生产。一个国家如果就业情况良好,就有利于社会的稳定,有利于宏观层面上的社会目标的实现。就业是人们进入社会生活环境不可缺少的必要条件。通过就业,人们获得正常的社会群体生活,从而进入正常的社会生活环境。如果一个人没有就业、没有工作,时间长了,这个人的社会生活状况会逐渐被边缘化,个人就会与主流社会生活隔离,而进入一种片面的、狭小的、封闭的社会生活环境,可能还会出现同其他社会成员交往的障碍,使其生活、情感、性格受到影响,严重的甚至影响社会稳定、国家安全。

从个人层面而言,个体通过就业,有助于职业能力的不断提高。随着现代化进程的逐渐深入,产业结构的升级换代,科学技术的迅速发展,新的职业在不断地产生,大部分原有的职业也必须适应新的形势而进行不同程度地更新或调整。因此,个体通过就业来获得报酬的同时,能让个人的生活有保障,从而丰富自己的精神生活,促进个人的全面发展,进而实现自己的社会价值。

● 小赵的就业给了我们什么启示?

小赵的就业是合法的就业。第一,他达到了法律规定的就业年龄;第二,就业单位正规,且依据法律和小赵签订了劳动合同,并给予小赵相应的劳动报酬,所以劳动合法化;第三,小赵的岗位是高铁乘务员,是一个为人民服务的岗位,是被社会认可的岗位。

● 小赵的就业形式属于什么类型？

小赵的就业形式属于聘用制就业形式，即与用人单位签订劳动合同，确定劳动关系，再到用人单位工作的就业形式。

第二节 就业政策与方针

（一）

小王毕业于某中等职业技术学校的会计专业，在毕业就职之际，小王屡次向用人单位投递简历，但是均被拒绝，原因是他没有工作经验。其对话如下。

用人单位：我们需要的是有工作经验的员工，应届生不招收。

小王：能告诉我为什么吗？

用人单位：没有经验的应届生，对很多会计软件都不熟悉，需要有经验的员工教导，必要的时候还要对应届生进行培训。在还没有为公司创造利益的前提下，聘用应届生会对公司造成一定的财力、物力、精力资源的浪费。而且应届生的价值观也不稳定，容易"跳槽"，公司不想把一个有技术经验的员工培养出来后再跳槽到别的公司。

小王：并不是每一个应届毕业生学习了技能、拥有了工作经验后就会跳槽的。

求职单位：我们不想冒这样的风险。

（二）

2008年，小秦职业高中毕业后参加了国家统一的高考，考上了一所二本学校。2016年小秦大学毕业后，顺利地在一家私人企业上班，但是她对毕业后的工作不是很满意，先后换了两家公司，直到2018年考入了西部地区的一家事业单位。这时，事业单位要审核小秦的档案，小秦慌张了，因为当初毕业后自己的档案在哪里她并不知道，而且当初的私人企业单位从来没有要求她转档案。

【思考】
1. 关于案例一中求职市场的现象,对于求职者有什么影响?
2. 案例二中的小秦毕业后,档案可以提交到哪里保管?

一、我国的就业方针

就业方针是指国家在经济和社会发展的不同时期,根据当时的政治、经济任务和就业形势,为充分利用劳动力资源而制定的关于就业的总的指导原则。我国现行的就业方针是劳动者自主择业、市场调节就业、政府促进就业和鼓励创业的方针。

(一)劳动者自主择业

劳动者自主择业指的是充分调动劳动者就业的主动性和积极性,促使他们发挥就业的潜能和提高自身的职业技能,依靠自身的努力,自谋职业和自主创业,以尽快实现就业。

自主择业是劳动者依法享有平等就业和自主择业的权利,劳动者可以选择到国家机关、事业单位工作,也可以选择到非国有企业和外资企业去工作,这些都可以根据自己的兴趣、爱好、专业特长来选择。

(二)市场调节就业

市场调节就业指以市场机制配置劳动力资源,充分发挥人力源市场在促进就业中的基础性作用,实现用人单位和劳动者的双向选择。

市场调节反映了现代社会生产力充分发展的客观要求。市场调节对劳动者而言,有利于提高自身素质。市场调节的主要目标是用人单位自主用人,劳动者自主就业,促进劳动者和用人单位相互选择,实现劳动力的合理流动。市场调节的主要渠道有学校推荐就业、劳动主管部门帮助就业、职业介绍机构介绍就业、毕业生自主择业或创业等。

(三)政府促进就业

政府促进就业是指政府通过宏观经济与就业协调发展的政策,采取必要措施,增加就业岗位,并健全和发展就业服务体系,帮助劳动者就业。政府促进就业指明了三个目标:第一,指政府促进宏观经济与就业的协调发展,通过发展经济,增加就业岗位;第二,指通过制订积极的就业政策,健全和发展就业服务体系；第三，通过采取必要措施，帮助下岗、失业人员和其他特殊群体实现再就业。

（四）鼓励创业

鼓励创业是我国第一次将其纳入的就业方针，它要求引导就业者转变就业观念，鼓励多渠道、多形式的就业，以创业带动就业。

新的就业方针进一步明确劳动者、市场、政府在促进就业中各自应发挥的作用。自主就业体现劳动者在就业中的主体地位和自主选择就业的权利；市场机制在人力资源配置中发挥基础性作用，是调节就业的基础平台；政府通过制定就业扶持政策、提供公共就业服务，发挥促进就业的作用。

二、就业政策

（一）就业政策的概念

就业政策是指政府和社会群体为了解决现实社会中劳动者就业问题制订和推行的一系列方案及采取的措施。

就业政策是使失业人员和新生劳动力就业的根本手段和政策手段。失业再就业人员针对的是已经从学校毕业，但是在职场中由于某种原因失业的人。新生劳动力指初次面临就业的各类有关人员，包括由于某种原因未能继续升学而直接进入求职大军的青年劳动力、达到劳动年龄的应届毕业生、进入城市初次求职的农民工等。

一般来讲，即将毕业的学生会受到社会的广泛关注。因此中职院校的学生应该积极了解国家的相关就业政策，以便在做出就业选择的时候能够进行利益的权衡，实现自己的价值。

（二）国家宏观就业政策

2019年的《政府工作报告》指出："今年首次将就业优先政策置于宏观政策层面，旨在强化各方面重视就业、支持就业的导向。"这表明了就业的重要性。了解我国就业政策可从四大原则、五大支柱、六个领域、十项措施等多方面进行解读。

1. 四大原则

面对新的形势，国家确立了"市场导向，政府宏观调控，学校推荐，毕业生与用人单位双向选择"的就业制度。毕业生按照"公开、公正、择优、自愿"的原则进入社会就业。

2. 五大支柱

（1）经济拉动。提高经济增长对就业的拉动能力，保持较高的经济增长速度，调整产业结构、所有制结构、企业结构等，扩大就业总量。

（2）政策扶持。运用优惠政策杠杆，将所创造的岗位优先用于吸纳中职毕业生就业和下岗失业人员再就业。

（3）市场服务。实现劳动力供求的合理匹配，通过强化就业服务和职业培训，使劳动者了解需求信息、提高就业能力。

（4）政府调控。尽量减少失业，通过严格规范企业减员、建立预警制度措施，减轻社会的失业压力。

（5）社会保障。这样既能有效地保障下岗失业人员的基本生活，又能积极促进下岗失业人员再就业。通过完善社会保障体系，消除下岗失业人员的后顾之忧。

3. 六个领域

（1）中小企业。调整企业结构，发展有市场需求的中小企业。

（2）第三产业。调整产业结构，大力发展第三产业，尤其是积极开发社区服务和旅游业的就业岗位，积极发展商贸、餐饮等传统服务业。

（3）多种经济。调整所有制结构，鼓励发展就业容量大的集体、私营、外商投资与合作等多种所有制经济。

（4）劳动密集。充分发挥劳动力资源优势，积极发展具有优势和市场需求的劳动密集型产业和企业。

（5）灵活就业。适应企业用工需求和就业方式的变化，鼓励下岗失业人员从事临时性、季节性、弹性工作等灵活多样的工作。

（6）劳务输出。面向国内、国外两个市场，对内鼓励跨地区劳务协作，对外实施"走出去"战略。

4. 十项措施

（1）税费减免。凡下岗失业人员从事个体经营的，三年内免征营业税、城市维护建设税、教育费附加和所得税。

（2）小额贷款。帮助自谋职业和自主创业的下岗人员解决创业起步的资金问题。

（3）社保补贴。在社区开发公益性岗位安排原国有企业的大龄就业困难对象就业，给予社会保险补贴。

（4）就业援助。对有劳动能力和就业愿望的下岗失业人员给予多种帮助，实行岗位援助、社保和岗位补贴。

（5）主辅分离。鼓励国有大中型企业将辅业分离出来，分流安置富余人员，同时减轻社会失业压力。

（6）就业服务。建立健全公共就业服务体系，实行免费的就业服务，推广"一站式"就业服务，推行"政府购买培训成果"。

（7）财政投入。各级财政增加投入以促进就业，中央财政加大对中西部地区和老工业基地的支持。

（8）社会保障。保障下岗失业人员的基本生活、再就业后的社保关系接续，实行适应灵活就业的劳动关系形式、工资支付方式和社会保险办法。

（9）企业裁员。关闭破产企业必须落实职工安置方案，国有大型企业一次性裁员超过一定比例的要事前向当地政府报告。

（10）社区平台。在10万个社区建立劳动保障管理服务工作平台。

三、中职生就业制度

就业制度是指直接或间接与劳动者就业相联系的规则、程序的总称。它有广义和狭义之分，广义的就业制度包括雇佣解雇制度、用工制度、就业培训制度及就业服务制度等；而狭义的就业制度主要指雇佣解雇制度和用工制度。一般意义上的就业制度指狭义的就业制度。

（一）毕业生就业制度的历史沿革

中华人民共和国成立以来，我国从计划经济走向市场经济，大中专院校的学生的就业制度经历了不同的历史发展阶段，从"统招统分"的就业模式，过渡到"供需见面""双向选择"的就业模式，最后到现在的"双向选择、自主择业"的就业模式。

（二）中职生就业管理体制

中职院校各个主要管理部门可以分为三大类，即省、自治区、直辖市管理部门，主要对本地区的中职院校的就业进行管理；中职院校，主要负责本校中职生的就业工作；用人单位，主要负责接收、安排中职生。

（1）省、自治区、直辖市管理部门一定要根据国家的有关政策方针，提出与区域有关的中职毕业生就业的具体工作意见，负责本地区的毕业生资源统计工作，收集本地区毕业生的需求信息，为毕业生提供"供需见面"和"双向选择"活动的组织安排，负责毕业生的调配派遣和接收工作，开展对毕业生教育、就业的指导，监督本地区用人单位和中职院校负责的毕业生就业工作，开展毕业生就业制度改革的研究和宣传工作。

（2）中职院校负责本校毕业生的就业工作，根据国家的就业方针、政策和规定以及学校主管部门的工作意见，制订本学校的工作细则；负责本校毕业生的资格审查工作，及时向主管部门和地方调配部门报送毕业生资源情况；收集需求信息，开展毕业生就业供需见面和双向选择活动，负责毕业生的推荐工作；按照主管部门的要求提出毕业、就业的建议计划；开展毕业生教育和就业指导工作；负责办理毕业生的离校手续；开展与毕业生就业有关的调查研究工作；完成主管部门交办的其他工作。

（3）用人单位负责接收、安排毕业生，向上级主管部门报送毕业生需求计划，向中职院校提供需求信息，参加供需见面会和双向选择活动，如实介绍本单位的情况，积极招聘毕业生。同时，按照国家下达的就业计划接收、安排毕业生，在毕业生见习期间负责管理工作，并向有关部分和学校反馈毕业生的适用情况。

（三）我国现行的中职院校就业制度

1. 人才聘用制度

我国目前的人才聘用制度是指国家党政机关、企事业单位进行人员选拔、聘任聘用的一系列规章制度总称，目前实行"双向选择、自主择业"的机制。我国用人单位的基本用人制度包括三个方面，一是国家党政机关和国有企事业单位领导干部的委任制度，但是这一制度主要针对发达地区，可能不太适用于中职院校毕业生，但对西部偏远地区或是落后的地区，这一政策在中职院校毕业生中能够实施；二是国家机关政务类公务员的招考制度，这一制度如果落实到中职院校毕业生身上，那么更多的是偏向于偏远落后地区；三是企事业单位人员的聘用制，企事业人员的聘用又可分为国有企业人员聘用和事业单位人员聘用，这一制度全国普遍通用。

（1）国有企业人才聘用制度。这个制度对专业技术岗位和行政管理岗位公开竞争、择优上岗，凡是聘用人员都要签订劳动合同，出现纠纷可向政府人事部门申请调解、裁决。

（2）事业单位的人才聘用制度。2003年开始，我国开始在全国事业单位实施事业单位人员聘用制度，通过签订聘用合同确定单位和个人的人事关系，明确单位和个人的权利和义务，包括公开招聘、签订合同、定期考核、解聘辞聘、亲属回避及人事争议和仲裁等制度。到目前为止，这项制度已经被各地接受，并且合同聘用人员在事业单位中普遍存在。

2. 人事代理制度

人事代理是指由政府人事部门所属的人才服务中心，按照国家有关人事政策法规要求，接受单位或个人委托，在其服务项目范围内，为多种所有制经济尤其是非公有制经济单位及各类人才提供人事档案管理、职称评定、社会养老保险金收缴、出国政审等全方位服务，是实现人员使用与人事关系管理、分离的一项人事改革的新举措。

人事代理和合同工有区别。人事代理是指一般的劳务合同，是由专门的代理公司与员工签约后再由代理公司派驻其他用人单位。人事代理的方式有三种：一是委托人事代理，可由单位委托，也可由个人委托；二是多项委托，将人事关系、工资关系、人事档案、养老保险社会统筹、住房公积金等委托区人才服务中心管理；三是单项委托，将人事档案委托区人才服务中心管理。人事代理是一项有偿服务，凡是注册的企业（股份制企业、合资企业、私营企业等）无主管部门、不具备人事管理权的用人单位都需要办理人事代理，代理期间连续计算工龄，毕业生重新就业后的工龄合并计算。

人事代理制度的实施，为中职毕业生"双向选择、自主择业"就业制度的执行提供了保障，特别是为中职生在选择非公有制单位就业时，解决了后顾之忧。人事代理为中职毕业生服务的内容有以下几种。

（1）管理人事档案：档案托管、转档、整理等。

（2）核定、调整档案工资。

（3）档案查阅，以档案材料为依据的各类政审、证明材料出具。

（4）毕业生集体户口落户或个人户口挂靠。

（5）见习期满的全日制中职毕业生的转正、定级。

（6）专业技术资格（职称）认定和评审（所学专业与从事工作专业相同或相近的，以考代评专业除外，中职毕业生工作满一年可定技术员职称）。

（7）提供人事政策、法规咨询。

（8）为毕业生建立流动人员的党团组织，开展党团组织活动。

（9）为毕业生代办失业、养老等社会保险业务。

3. 就业准入制度

就业准入制度是指根据《中华人民共和国劳动法》（以下简称《劳动法》）和《中华人民共和国职业教育法》的有关规定，对从事技术复杂、通用性广、涉及国家财产和人民生命安全及消费者利益的职业（工种）的劳动者，必须经过培训，并取得职业资格证书后，方可就业上岗的制度。现行中国企业，在中职生通过劳动创造价值之前，要对中职毕业生先进行培训，这样才能保证知识的应用。

实行就业准入制度，一是可以规范劳动力市场建设，为劳动者就业创造平等的竞争就业环境。二是可以实现劳动力资源的合理开发和配置，并使其进入良性发展。三是可以促进劳动者主动提高自身的业务素质，使我国的就业从安置型就业转为素质型就业，达到使劳动者尽快就业和稳定就业的目的。

4. 国家公务员制度

现在中职毕业生一般是不可以报考国家公务员的，但有些地方公务员的政策是允许中职的毕业生报考的。

国家公务员制度是指依据法律和规章对国家公务员依法进行管理的制度。它是根据我国的国情建立的，同时又改革了传统的人事制度的弊端。

根据《国家公务员暂行条例》的规定，国家行政机关录用担任主任科员以下非领导职务的公务员，采取公开考试、严格考核的办法，按照德才兼备的标准择优录用。中央行政机关国家公务员的录用考试，由国务院人事部门负责组织；地方各级行政机关公务员的考试，由省级人民政府人事部门负责组织。

公务员报考的条件有：具有中华人民共和国国籍，享有公民的政治权利，年满18周岁；拥护中国共产党的领导，热爱社会主义；遵纪守法，品行端正，具有为人民服务的精神；具有符合要求的文化程度和工作能力，不同省份、不同岗位的对文化层次要求不同；身体健康，年龄为35岁以下。

公务员报考及录用程序：职位查询—网上报名—报名确认—网上打印准考证—查询成绩—面试—体检—录用。

四、中职生就业政策

中职生近年越来越受到国家的关注，不仅是由于中职生人数在逐年增加，而且中职生还是我国经济建设得以提高和稳定的基础。基于中职教育备受关注，国家也出台了一系列政策。

（一）职业院校毕业生与普通高校毕业生享受同等落户、就业待遇

2019年2月13日，国务院发布《国家职业教育改革实施方案》，明确表示要积极推动职业院校毕业生在落户、就业、参加机关事业单位招聘、职称评审、职级晋升等方面与普通高校毕业生享受同等待遇，机关和企事业单位招用人员不得歧视职业院校毕业生。

（二）鼓励大中专毕业生到城乡基层和边远地区就业

基层就业就是到城乡基层工作。一般来讲，"基层"既包括广大农村，也包括城市街道社区；既涵盖县级以下的党政机关、企事业单位，也包括社会团体、非公有制组织和中小企业；既包含单位就业，也包括自主创业、自谋职业。国家鼓励毕业生，包括中职毕业生到基层就业，其主要优惠政策如下。

（1）完善工资待遇进一步向基层倾斜的办法，健全高校毕业生到基层工作的服务保障机制，鼓励毕业生到乡镇特别是困难乡镇机关事业单位工作。

（2）对高校毕业生到中西部地区、艰苦边远地区和老工业基地县以下基层单位就业、履行一定服务期限的，按规定给予学费补偿和国家助学贷款代偿。

（3）结合政府购买服务工作的推进，在基层特别是街道（乡镇）、社区（村）购买一批公共管理和社会服务岗位，优先用于吸纳高校毕业生就业。

（4）落实完善见习补贴政策，对见习期满留用率达到50%以上的见习单位，适当提高见习补贴标准。

（5）将求职补贴调整为求职创业补贴，对象范围扩展到已获得国家助学贷款的毕业年度高校毕业生。

（6）放宽贫困地区对基层机关招聘人员的要求，学历最低可以放宽到高中、中专（含技工学校），年龄放宽到40周岁以下，根据岗位需要也可适当放宽专业要求。贫困地区事业单位招聘高校毕业生时，可适当降低开考比例。

（7）国家规定，对于原籍在中、东部的中职毕业生到西部工作，实行来去自由的原则，放宽专业技术资格、职称评定标准，适当提高工资标准。

（8）大中专毕业生到南疆三地州和国定、区定贫困县及边境县农村乡

（镇）、村社会管理和公共服务岗位就业的，生活补贴标准可提高到当地最低工资标准（不含"三险一金"）的2倍，期限不超过3年。所需资金从当地就业专项资金中解决。

（三）鼓励中职毕业生到非公有制企业见习就业

大中专毕业生到各类企业就业，公安机关要放宽建立集体户口的审批条件，及时办理落户手续，用人单位要按照国家有关规定与中职毕业生签订劳动合同，并为其办理社会保险，保障其合法权益。

（四）取消对毕业生就业的不合理收费

为了使毕业生能够顺利就业、满意就业，国家取消对高校毕业生收取的城市增容费、出省（自治区、直辖市）费、出系统费等不合理的收费，真正实现人才的自由流动、合理流动。

（五）鼓励大中专生自主创业实现就业

大中专毕业生从事个体经营时，自工商部门批准其经营之年内免交登记类和管理类的各项行政事业性收费。有条件的地区由地方政府确定，为大中专毕业生提供创业小额度贷款和担保，并依据不同地区实行税收优惠政策。

（六）肄业生就业

中职肄业的学生由学校发肄业证书，国家不负责就业和办理就业手续，中职肄业生不在遣返，档案户口转回生源地，回家庭所在地的劳动力市场自谋职业。

（七）户口办理政策

大中专毕业生的户籍可以在学校保留两年。根据规定，对毕业离校时未落实工作的高校毕业生，档案管理机构对保管其档案免收服务费。学校可根据本人的意愿，将其户口转至入学前户口所在地，或两年内继续保留在原就读高校，待落实工作单位，将户口迁至工作单位所在地。对于超过两年仍未落实工作单位的高校毕业生，学校和档案管理机构将其在校户口和档案迁回其入学前户籍所在地。

全面放开全日制中等专科学校毕业生、技术工人、职业学校毕业生落户限制。具备全日制普通中专学历、初级专业技术职称或职业资格，并且有合法稳定职业或合法稳定住所（含租赁）的本人及其配偶、父母、子女，可选择在工作地或实际居住地申请落户。各地区依据地区情况对大中专毕业生实施落户。比如，陕西省西安市固定35岁以下技校生也可申请落户，技师、高级技师落户取消年龄限制。

● 关于案例一中求职市场的现象，对于求职者有什么影响？

小王找工作遇到的现象在就职的时候很常见，用人单位用各种的借口拒录没有任何经验的毕业生，这在某种程度上打击了求职者的自信心，求职者会觉得国家政府没有出台相关的保护政策来保护应届毕业生的求职困境，求职者可能会产生报复社会的心理，或是脱离社会。而在社会层面上，求职市场这样的现象会引起社会的动乱和贫富差距的加大。

● 案例二中的小秦毕业后，档案可以提交到哪里保管？

小秦毕业后，档案可以委托人事代理进行管理，但是要缴纳一定的费用。人事代理能为毕业生提供人事代理档案保管服务，人事代理没有固定期限，并可以享受国家规定的相关人事待遇。

第三节　中职生就业形势

案例

2016年6月，上海某中等职业技术学校物流管理专业的小李毕业了，但其实在同年的3月他的工作还未落实。毕业之际，学校组织了几场校园招聘会，小李投递了简历，面试了几个与专业相关的岗位，并与面试官进行了交流，面试的公司要么要求小李当快递员，要么当货仓管理员，而且对方开出的工资只有1 000元左右的底薪和500元～2 000元的提成，每月休4天。面试官还告诉小李，应届毕业生要从头干起，不怕吃苦，先要锻炼能力再谈工资。小李听后很失望，他考虑到一个月的工资加起来最多3 000元，除去房租和交通费，剩余的钱刚够吃饭，上海的物价又那么高，生活实在难以维持。

小李只好另寻出路，他通过学校和老师的推荐去了一家只有30个人的物流企业公司做管培生，这家公司包吃、包住，月薪 3 000 元。小李在公司里做了两个月的管培生，公司先安排他轮岗实习，最终在两个月后公司将张某定岗为业务员。小李不怕辛苦，看好物流行业，在工作期间又考取了多个技能证书，并通过自考获取了本科学历。2019 年，小李成为该公司的业务经理，主管公司的货物进出、物品采购等。

【思考】
1. 中职生面临着什么样的就业形势？
2. 中职生应如何调整自己对就业的看法？

一、中职生面临的就业形势

（一）中职生就业率高

2005 年以来，中职生的就业率连续 10 年保持在 95% 以上，他们成为支撑中小企业集聚发展、区域产业迈向中高端的主力军。据教育部统计，2016 年，全国中等职业学校毕业生人数为 474.71 万人，就业人数为 459.15 万人，就业率为 96.72%，并且专业对口就业率为 75.60%，全国各个省份的中职生就业情况普遍良好。如宁夏回族自治区 2017 年中职生就业率为 96.23%，专业对口就业率为 78.3%；广东省 2017 年中职生就业率为 98%，专业对口就业率为 79%；安徽省 2017 年中职生就业率为 94%，专业对口就业率为 95.3%。上海市 2018 年中职生就业率为 98.75%，专业对口就业率为 86%。

中职生的高就业率不仅在于国家政府的高度重视与大力支持，更在于我国中职院校培养的学生是实用技能型人才，而我国实用技能型人才严重短缺。因此，在国家和社会的双面需求下，既具有理论知识，又具有动手、操作能力的中职生受到了众多用人单位的青睐。

（二）中职生就业率与自身满意度的矛盾

虽然中职生就业率高于本科生和高职生，但是中职生的就业满意度最低。一是社会给予他们的"标签化"——有不少人认为中职生是低学历、低能力、低素质的人群。中职生就业的门槛很低，他们的岗位替代性较大。中职生社会认可率低、社会地位低，容易遭受不公平的待遇，这使中职生的自尊心受到了伤害。二是中职生对自己的认识不清楚。部分中职生没有发现自身的优势，认为工作只是解决温饱的工具，从而导致离职、跳槽、转行的事件频繁发生。

（三）中职生素养与单位人才需求差距

中职生有一技之长易受到企业的欢迎，这也使很多用人单位对中职生的敬业精神、职业道德、思想道德觉悟和能力素质水平都提出了越来越高的要求。不少用人单位对招聘的人才持"宁缺毋滥"的态度。因此，那些综合素质好、动手能力强、有敬业精神以及有各种特长的中职生将越来越受欢迎。

（四）企业环境与中职生的理想落差

很多小型企业需要大量的技术工人，中职生是他们最理想的选择对象。但部分企业在工作条件、生活环境和薪酬待遇等方面暂时无法完全满足中职生的要求，还有部分企业经营者为追求利润的最大化而忽视了员工的工作环境和薪酬待遇，从而造成部分中职生不愿去此类公司。

（五）中职毕业生与高校毕业生竞争的压力

1.就业范围压力

近年来，高校毕业生逐年增加（如表3-1所示），但是高校毕业生的就业形势不容乐观。有些高校毕业生为了尽快就业而降低了就业期盼，比如有些高校毕业生应聘的岗位有快递员、汽车修理工、乘务员、安检员和报关员等，甚至部分大学生进入农民工市场求职，这些无疑对中职生的就业形成了巨大的竞争压力。

表 2-1 2017—2019 年来高校毕业生人数

年 份	高校毕业人数	同比增长速度
2017	795 万人	3.9%
2018	820 万人	3.1%
2019	843 万人	2.8%

2.专业技术压力

很多企业希望招聘到有较强的专业技术的人。这无疑导致企业以招聘研究生、本科生、大专生等高学历的毕业生为主，使得中职生的就业难度加大。

3.岗位竞争激烈

相比于高校毕业生，中职生的技能较为单一，所学知识深度较浅、知识面较窄；高校毕业生知识面广，所学的知识较为多而深。因此，中职生面临的就业形势严峻，岗位竞争激烈。

（六）专业与职业供求关系失衡

很多中职生在招生时报的是热门专业，但是毕业后，此专业却成为冷门专业，社会对人才的需求变化的速度远大于产出的速度。还有些中职生所学的专业与市场上的岗位需求不对等，这也使得他们的职业供求关系失衡。

二、新形势下的人才要求

（一）明确的职业规划

企事业单位重视求职者对自己的职业是否有明确的规划和设计。从某种程度上说，职业规划是对工作的一种理想和信念，一个人有了职业规划，工作就有动力、责任心，其独立意识也比较强。有职业规划的求职者，选择职业时不会盲从，他们清楚地了解自身的优势和不足，会选择适合自己的事业，并能发挥主观能动性，最终实现自己的规划目标。中职生应对自己进行职业规划，树立正确的就业与择业观，认识所想要的工作与自身能力的差距，努力提升自己，做好就业准备。

（二）爱岗敬业的美德

工作岗位是一个人赖以生存和发展的基础保障。爱岗敬业不仅是个人生存和发展的需要，也是国家和社会发展的需要。只有爱岗敬业的人，才会在自己的工作岗位上勤勤恳恳，不断地钻研学习，精益求精。用人单位往往喜欢录用那些具有爱岗敬业精神的人，因为只有那些"干一行，爱一行"的人，才能专心致志地做好工作。如果只是偶然兴起、见异思迁，"干一行，厌一行"，不但自己的聪明才智得不到充分发挥，还可能会给企业带来损失。爱岗敬业的人具有责任心，工作态度认真；爱岗敬业不分高低贵贱，人人应具有，中职生也不例外。

（三）与时俱进的学习能力

社会发展的速度很快，旧的职业逐渐消失，新的职业不断出现，这对人才的要求也随之调整。因此，人要有危机意识，要能在工作之余利用好时间及时学习，比如考取某个证书、学习某个新的软件等，只有掌握与时俱进的学习能力才不会被社会淘汰。

(四)集体意识

集体是每个人的集体,集体利益高于个人利益。因而当个人利益与集体利益相冲突时,个人要让步于集体。集体相当于一个团体,个人只有在集体中才能够产生价值;一个独断专行、没有集体意识的人很难融入单位,很难与单位齐头并进,而且集体意识是任何一家企事业单位都需要的,是一种重要的精神意识。

案例解析

● 中职生面临着什么样的就业形势?

案例中的小李面临的就业形势有:就业难、岗位竞争激烈、薪酬待遇低、企业要求与理想之间的落差。小李是一个不怕吃苦的人,他毕业时找工作遇到的问题反映了许多中职生就职时的困境。

● 中职生应如何调整自己对就业的看法?

中职生应提前制订一份职业规划,确定自己的职业方向和职业能力水平。在求职中,衡量自身的能力是否与企业要求相匹配。进入企业工作后,中职生应遵守企业的规则,爱岗敬业,勤奋刻苦,利用工作之余的时间及时学习。

【讨论与思考】

1. 何为职业与就业?

2. 我国的就业制度和政策对中职生有何优势?

3. 根据当前的就业形势,你如何看待企业对人才的要求?

【学习要点】

1. 掌握基本的职业素养类型。
2. 掌握就业过程中的心理调节方法。
3. 掌握就业信息处理的过程和方法。
4. 了解就业材料的准备内容。
5. 学会写求职信和简历。

第一节　职业素养的准备

案例

小杜毕业于苏州某中等职业技术学校的汽车修理专业。在学校双选会上有家汽车修理厂看中了小杜，让小杜第二天到校园指定处进行第二轮技能面试。小杜顺利通过面试，面试官让他毕业后就可以去上班。但是在他刚走出教室后便在走廊上吐了一口痰，这一行为被面试官看到了，于是面试官立即打电话通知小杜，招聘人员已满，他可以不用参加面试了。

小陈毕业于济南某中等职业技术学校的服装设计专业。在毕业之际，小陈应聘了20多家公司，但都未获得满意的结果，在这种压力下，小陈患了抑郁症。

小孙毕业于成都某中等职业技术学校的美术专业。在毕业之际，多家艺术学校向他抛出了橄榄枝，其原因是小孙在校就读期间勤练苦读，多次参加省级、校级的美术大赛，并进入了复赛，虽然最终他未能获得奖项，但是这表明了他积极上进的学习态度。

【思考】
1. 上述案例中的三个人的就业过程，分别反映了什么问题？
2. 中职生应如何正确地看待就业？

职业素养是指职业的内在规范和要求，是在职业过程中表现出来的综合品质。它包括职业道德、职业行为、职业作风和职业意识等方面。职业素养就个人而言是个人的素质和道德修养。中职生职业素养是对社会职业了解与适应能力的一种综合体现，是一种工作状态的标准化、规范化、制度化，是能够在合适的时间、合适的地点，用合适的方式、说合适的话、做合适的事，使得自己在知识、技能、观念、思维、态度、心理上符合职业规范和标准。

中职生作为就业大军的一员，在其就业过程中承受着巨大的压力，很多中职生在和高等院校学生相互竞争时，要么觉得自己技不如人、低人一等、对就业没有信心，要么对自己过度自信、期望值过高。中职生在就业期间出现的一系列心理问题表明了他们对自己的认识不清晰，在面对压力时不能很好地调节自己。因此，中职生在就业过程中要做好有关职业素养的准备，比如树立正确的职业道德观、择业观、就业心理准备，就业能力准备等，而这些是最基础，也是最重要的准备，是一种为自己"加油打气"的心理状态。

一、具备良好的职业道德

职业道德是指从事一定职业的人们在职业劳动中形成的道德观念以及应当遵守的道德规范。职业道德是一种社会意识形态，是人们共同生活及其行为的准则与规范，是每个人在所从事职业活动中应遵守的职业规范，是人们在职业生活中应遵循的基本道德，是职业品德、职业纪律、专业胜任能力及职业责任等的总称。职业道德规定了人们在工作中应做什么，不应做什么，人们应在工作中自觉地遵守。很多企业在招人的时候，要求个人不仅有才，而且还要有德，具有"有才无德限制录用，有德无才培养使用，无才无德坚决不用"的潜规则。

（一）职业道德的内容

遵守职业道德规范是每个职业人的行为准则，具体内容如下。

（1）以诚实守信的态度对待职业。
（2）廉洁自律，秉公办事。
（3）严格遵守职业规范和公司制度。
（4）决不泄露公司机密。
（5）忠诚对待公司。
（6）公司利益高于个人利益。
（7）全力维护公司品牌。
（8）克服自私心理，树立节约意识。
（9）培养职业美德，缔造人格魅力。
（10）敬业是做事的基本原则。

（二）职业道德的特征

（1）职业性。它体现在从事工作的人群中，不同的职业人员在职业活动中的不同体现。它在特定的职业范围内发挥作用，反映着特定职业活动对从业人员行为的道德要求。

（2）普遍性。它体现在每个职业人应共同遵守的职业道德行为规范，比如爱岗敬业、遵纪守法、诚实守信。

（3）实践性。职业道德必定通过职业的实践活动、个人的行为表现出来。职业道德的作用是调整职业关系，对从业人员职业活动的具体行为进行规范，解决现实生活中的具体道德冲突。

（4）多样性。不同行业都有自身的特点和道德规范要求，不同行业的人表现出来的特定职业道德行为不一样。

（5）自律性。它要求每个人都应自觉地遵守，具有很强的自我约束控制要求，但是个人的自觉性又容易受到他人舆论及行为的影响，当个人的某些职业道德观念出现偏差时，可以通过他人进行调整。

（6）继承性。职业道德是长期实践过程中形成的，不符合时代和社会的职业道德会被新的职业道德代替，并传递下去。

（三）职业道德的作用

职业道德是社会道德体系中的重要组成部分，具有重要的作用，具体表现在以下几个方面。

1. 调节从业人员内部关系及从业人员与服务对象间的关系

调节作用是职业道德中的基本作用。它可以调节从业人员内部关系，即运用职业道德规范约束职业内部人员和促进职业内部人员积极向上，促进内部的团结协作。同时，职业道德还可以调节从业人员和服务对象之间的关系。

2. 维护和提高本行业信誉

信誉对于个人和企业而言都是同等的重要。信誉是一个人或企业的形象特征，信誉好自然就会受到其他人的尊敬与信赖。提高企业信誉主要靠产品质量和服务质量，而从业人员职业道德水平的提高则是产品质量和服务质量的有效保障。如果从业人员职业道德水平不高，其产品质量及服务质量就很难得到有效保障，很难生产出优质产品或提供优质服务。

3. 促进本行业发展

各行各业的发展有赖于经济效益的创造，而经济效益的创造则源于高素质员工的不懈努力。员工的素质主要由知识、能力、责任心三个方面组成，而责任心是员工不断学习知识、努力激发能力的基础。职业道德水平高的从业人员其责任心自然会相对较高，对于自己的业务水平和业务能力也会有更高的要求与期待，所以说职业道德对于促进本行业的发展具有重要的作用。

4. 提高全社会道德水平

职业道德是社会道德的重要组成部分，职业道德体现在从业者对待职业的态度和具体表现。个体的职业道德的集中表现就体现了一个行业的职业道德水平，而全社会的职业道德水平则是由各行各业的职业道德水平组成。如果每个行业、每个职业都具备优良的道德，这将对整个社会道德水平的提高发挥重要的作用。

（四）职业道德的培养

职业道德的培养应从以下几方面做起。

（1）自我约束。

（2）从小事做起，严格遵守行为规范。

（3）从小事做起，自觉养成良好习惯。

（4）增强职业意识，遵守职业规范。

（5）重视技能培训，提高职业素养。

（6）社会实践中学做结合，知行合一。

（7）在日常生活中，经常进行内省。

（8）在日常生活和工作中，努力做到"慎独"。

二、正确的就业思想和心理认知

面对就业，中职生的思想和心理复杂多变，往往充满了焦虑、迷茫。同时就业岗位多样，但又有不同要求，受机遇和自身条件的限制，很多中职生在就业过程中易产生心理矛盾。

当前中职生在就业过程中出现的一些不良的择业认知和心理问题颇为常见，如盲目攀高、过度依赖、过于自信、盲目从众、执拗心理。所以中职生在就业过程中，要有良好的心态和正确的就业认识，要掌握一些心理调节方法来适当地调节自己的情绪、行为和认知。这样才能顺利就业，并且在职场的道路上获得更好的发展。

（一）当前中职生的不良择业观

1. 一味追求单位知名度

中职生往往在求职过程中单纯地追求名誉好、声望高的好单位，想进入一些大型的单位，比如大众集团、喜来登酒店、中海地产、仁恒物业等，而他们往往忽略了职业的内在要求或是他们不知道自己能否满足此单位对招聘人员的能力要求。

2. 急功近利

中职生渴望一进入职场就获得高薪，他们在职业地域选择上往往以沿海地区作为工作地的首选，或首选经济特区，或倾向于外资企业、合资企业，期望一毕业就名利双收。这些心理都不利于中职生找到适合自己的工作。

3. 过度依赖他人

部分中职生会过度依赖家长、朋友等，希望他们能为自己找到满意的工作，还有些中职生在依赖他人找工作的同时，会出现对某职业的瞻前顾后，拿不定主意的现象。

4. 从众行为严重

有些中职生在求职过程中往往产生从众心理，他们容易受到社会风气的影响去选择并不适合自己的职业,从而忽略自身的条件、专业特点和社会的需求。还有些中职生在毕业时没有找到工作,便在焦虑的情绪下选择一些不符合自身条件的职业。

(二)当前中职生就业过程中常见的心理问题

1. 焦虑心理

中职生和高等院校的学生一起竞争同一个工作岗位时,往往产生巨大的心理压力。压力过大或者是过于紧张,就会产生焦虑。焦虑是由于担心不能达到预期目标而产生的紧张不安的心理状态。焦虑心理在找工作时是很常见的。为了谋求理想的职业,但又害怕自己因为学历原因、能力原因或性格原因等被招聘公司婉拒,特别是一些家境贫寒、性格内向的学生,其焦虑心理更加突出。

2. 失落心理

由于用人单位待遇、工作环境等原因,部分中职生在就业过程中易产生失落的心理,因为工作满足不了自己最低的心理预期。失落的情绪会导致自己不能客观地认识自己和用人单位之间的关系而让就业失败。

3. 嫉妒心理

适当的嫉妒能够激发正能量,但是如果把握不当,就会伤人伤己,导致自己心理出现问题,导致同学关系、朋友关系恶化。嫉妒心理在求职过程中表现为对身边人的成就、特长、外貌、家庭条件产生羡慕和敌视的情感。求职中的嫉妒心理只会使得自己和他人的关系越来越远,长期的人际关系冷漠会导致自己处于孤立无援的境地。

4. 攀比心理

攀比心理在就职过程中的表现是:一些中职生看到身边的同学去了大城市、大企业工作,从而把这些作为自己择业时的标准。同时,这部分人会认为去了小城市、小企业、经济落后的地区就是自己能力不足的表现,因此易错失良机。

5. 从众心理

很多中职生在就业时会有从众心理。当自己谋求了一份工作时,而看到身边的人没有从事该类工作的,或是听取了其他人对这份工作的不良评价就放弃了此份工作。从众心理问题在就业中不可小视,因为缺乏主见、人云亦云的心理只能让自己失去适合自身特点的工作机会，忽视自己的特长。

6. 自卑心理

自卑在每个人身上都有，但是如果和普通高校学生相比，中职生在就业时的自卑心理也许更加常见和突出。自卑是一种轻视或是低估自己能力的一种心理倾向，具体表现为缺乏自信，缺乏勇气，总认为自己不如别人，害怕竞争。中职生在就业过程中，往往不敢主动向用人单位推荐自己，总是对自己评价过低，觉得自己不如别人。甚至当他们在和单位签订合同时，面对一些不平等的条件也不敢提出，最后选择"睁一只眼闭一只眼"地忍受。

7. 自负心理

自负就是对自我评价过高的表现，认为自己高人一等。这种现象在求职的中职生中的比例也不低。一些所学专业热门、家里经济条件比较好的学生，在求职过程中要求单位是大企业、国营单位、外资企业等，或是对用人单位提出不合理的薪资福利、办公条件要求等。自负很大的后果是错误地评估了自己的能力，导致失业现象的发生。

8. 依赖心理

很多中职生在面对严峻的就业压力下，他们常常缺乏独立意识，选择工作犹豫不决，拿不定主意，不知道欲求的单位和工作是否适合自己，甚至全靠他人为自己拿主意。还有的同学不想参与竞争，就依靠亲戚、朋友托关系、找门路就业。在就业中，要结合自身的情况和家庭经济条件出发，不能全部都指望亲戚、朋友帮忙，自己的兴趣爱好和能力才是选择工作最重要的条件。

（三）必要的心理调节方法

每个人在就业时都会出现或多或少的心理问题，这并不奇怪。重要的是，要学会进行调节，不能让就业产生的心理问题影响到自己的生活和学习。因此，掌握一些必要的心理调节方法很重要。

1. 合理宣泄法

合理宣泄法就是尽情倾诉积压在心中的烦恼，释放心理重负，恢复心理平衡。具体方式有号啕大哭、听音乐和向朋友、家人倾诉等。

2. 暗示调节法

暗示调节法是通过语言、动作以含蓄的方式对自己或他人的认识、情感、意识和行为产生的一种心理活动方式。特别是语言，它对情绪的调节有极大的暗示和调整作用。通过语言的暗示，能让自己消极的情绪得到缓解。如在生气的时候对自己说"忍一忍"，难过的时候对自己说"没关系，我能度过"，失落的时候对自己说"没关系，再接再厉，加油"。

3. 呼吸放松疗法

放松疗法主要是通过全身的肌肉来放松自己，缓解紧张的情绪，恢复心理平衡，保持身心健康的一种方法。呼吸放松疗法是放松疗法中的一种。通常情况下，呼吸是通过口腔和胸腔完成的，但呼吸放松调节法中提倡腹式呼吸，它是一种以腹部作为呼吸的方法。首先，找一个合适的位置站好或坐好，身体自然放松；其次，慢慢地吸气，在吸气的过程中感到腹部慢慢地鼓起，到最大的限度的时候开始呼气，呼气的时候感觉到气流经过鼻腔呼出，直到感觉顺畅地完成呼吸。

4. 音乐调节法

音乐调节法是通过音乐来舒缓情绪的一种心理方法。音乐能调整神经系统的机能，解除肌肉紧张，消除疲劳，改善注意力，增强记忆力，消除抑郁、焦虑、紧张等不良情绪。音乐调节应该因人、因时、因地、因心情的不同而选择不同的音乐。

5. 理智认知调节法

很多时候人们产生的心理问题不在于事情本身，而在于对事情的看法，看法不同，导致了不同的结果。艾利斯提出"ABC情绪认知理论"，"A"代表事情本身，"B"代表个人对"A"的认知，"C"代表结果。理智认知调节法，要求我们需要对事情进行多角度看待。

6. 注意力转移法

注意力转移是一种心理学上的调节方法，就是采取迁移的办法把自己的注意力、情感和精力转移到其他活动上去，让消极的情绪得到释放，以减轻自己心理上的不安和焦虑。具体的方法有如下几种。

（1）消遣转移，比如散步、聊天。

（2）繁忙转移，比如让自己忙于做家务。

（3）娱乐转移，比如跳舞，画画。

（4）环境转移，比如到山清水秀的地方。

7. 心理咨询

心理咨询是指运用心理学的方法，对心理适应方面出现的问题并企求解决问题的心理咨询人员提供心理援助的过程。如果中职生在找工作时，心理出现了问题，不要讳疾忌医，应及时寻找专业人士的帮助，即心理专业咨询人员，他能够帮助来访者识别行为背后的动机，帮助来访者调节情绪，理智地认知问题。

（四）中职生择业问题归因

中职生面对繁杂的人才招聘市场，往往无所适从，盲目就业，从而陷入择业误区，轻则导致其频繁更换工作，重则影响个人未来职业的规划。这样的行为对个人、企业和社会都产生不良的影响。中职生在择业观上的误区主要体现在以下四个方面。

1. 自我认识的误区

中职生在择业时，对自己的职业兴趣和定位还很模糊，容易出现看到高薪酬的岗位就投递、盲目跟从其他人去经济发达的地区工作、为了解决温饱而"急病乱投医""高不成低不就"等现象。这种现象屡见不鲜，反映出他们在择业时不能够正确地从自身兴趣和职业定位出发，不能认清自己的能力和优势的行为和心理。有的中职生在工作后，常常抱怨自己的命运不好，抱怨社会不公从而影响自己的工作，对自己、对单位造成不良后果。只有对自己有清晰的认识、准确定位自己，才能避免在择业时的盲从和不切实际。

2. 对市场需求认识的误区

很多中职生认为，经济发达的地区一定好就业，一定能够找得到适合自己的工作；还有的中职生认为南方地区比北方地区好就业，因为北方经济比较落后。他们依据经济发展水平来择业，依据地域选择工作，依据单位性质来就业。这些现象反映了中职生对市场需求的认识偏差。现在中西部地区对中职生的需求远远高于东部沿海地区，而且福利待遇和工作前景也比较好。同时，这些地区的外资企业、独资企业、合资企业、民营企业等很多企业都需要大量的中职生,并且这些企业的发展也得到了政府的政策支持,对中职生就业的发展有良好的条件。

3. 急功近利的思想误区

在而今各行各业收入差距较大的情况下,有的中职生在求职时首先关心的问题就是待遇,而对于岗位的晋升发展空间、单位给予的人才培养提升计划等常常忽略,他们常常把物质条件、福利待遇放在首位,反映了他们缺乏正确的工作价值观。中职生求职时如果只从自己的利益价值出发,把金钱作为首要考虑因素,往往会成为自己求职路上的阻碍。选择工作的薪酬待遇、环境条件等固然重要,但是也要综合考虑单位的发展前景和单位对人才的培养计划。

4. 对现实社会关系的认识误区

中职毕业生近10年来就业率都保持较好的趋势,而且受到了广大中小型企业的青睐。一些比较抢手的专业的学生,比如物流、铁道运输管理、音乐、美术、动漫设计、广告设计的学生,认为其专业好就业,所以就业时缺乏主动性,等着学校推荐或是用人单位主动抛出橄榄枝,从而错过了一些良好的就业机会。每位即将步入社会的中职生,都应在择业时积极主动,如果不积极主动,往往会错失良机。企业虽然需要人才,但是不愿意招聘自我过度膨胀、缺乏积极主动性的毕业生。

(五)正确的就业认知

1. 自我的清晰认识

中职生在择业前应该对自己有一个正确的认识和评价,既不过高地估计自己,也不妄自菲薄;应根据自己的兴趣爱好、个性和能力等方面做好职业规划,全面权衡就业岗位对技能、素质的要求,能根据岗位所处地域的优缺点、岗位的发展前景,准确地找到自己的社会位置,找到适合自己的工作,实现自己的人生价值。

2. 合适的职业定位

中职生在择业时,应避免急功近利的思想,选择一个职业不仅要考虑职业的福利待遇,更要考虑自身的职业发展前景、社会的需要。在社会需要中选择职业,在职业中脚踏实地、努力提高职业能力,最大化地实现自身的价值。

3. 立足于现实与市场的需求

中职生是社会发展的重要人力资源，因此在择业时目光不应只是局限于东部沿海地区和国有单位，应重视我国中西部发展的前景，特别是西北地区和其他贫困落后地区的发展趋势。为了实现全面小康，我国特别重视西北地区的发展，特别是贫困落后地区的发展，既在政策上给予优惠，又在人才的引进上放宽要求。中职生应积极投身于西北地区，为国家做贡献的同时实现自己的人生价值和社会价值。除此之外，对于一些民营企业、外资企业、合资企业等，无论规模大小，也应是中职生就业的好去处，中职生应重视起来，特别是中小型企业。我国对非公有制企业给予了大量优惠政策和扶持，中小型企业涉及面广，需要的中职生数量大，在中小型企业工作，自己的知识和技能可能会得到更好的发展。

4. 持续向前的自我职业能力素养

职业能力素养是一个人成功的保证，是职业发展的基石。个人职业能力素养应随着社会和国家的进步而调整。中职生在校学到职业技能比较单一，步入社会后，应该努力考取相应的职业资格证书，提高自己的职业技能。提升技能的同时，自身的素质也应不断地加强，工作态度、行为谈吐等是一个人内在的人格魅力，可以帮助其在职场上越走越远。

5. 设计具体的职业规划

合理的职业规划有利于帮助中职生在就业时做出决断，比如工作种类、兴趣爱好、单位的发展前景、自己提升的计划等。中职生在找工作前应仔细考虑、做好自己的职业规划，以便在找工作时能够有清晰的认识。

三、职业能力

职业能力是指从事一项职业必须具备的综合能力。无论什么职业，都必须有必要的能力作为基础保障。中职生在就业时的职业能力是用人单位录用的重要指标。相应的职业能力有如下几种。

（一）表达能力

表达能力是指运用文字阐明自己的观点、意见或抒发思想、感情的能力，包括口头表达能力、文字表达能力、数字表达能力、图形表达能力等多种形式，其特点是准确、鲜明、生动。其中数字表达能力、图形表达能力属专业范围内修炼的基本技能。部分中职生的表达能力在某些方面不是特别突出，比如文字表达、数字表达、图形表达等，平时应多加训练。

（二）学习能力

学习能力是所有能力的基础。通俗的说学习能力是指学习的方法和技巧，是一个人在正式学习或非正式学习的环境中表现出来的能力，比如注意力、观察力、思考力、应用力、自觉力、记忆力、想象力和创造力等。培养良好的学习能力，是中职生在未来职场中不被淘汰的保证。中职生在面对快速发展的社会，应注意学习能力的提高。

（三）动手能力

动手能力通俗地讲是实践能力，也是实际工作能力，是把理论应用于实践中，使理论和实践相结合，灵活地、创造性地利用所学的理论为生产服务的能力。中职生是技术、技能型人才，动手能力是必备基础，是代表职业能力和技术水平的象征，过硬的动手能力易受到用人单位的关注。

（四）适应能力

适应能力是指个体随着外界环境的变化而不断调整自己的个性、心理特征、生活方式、行为方式、交往方式、管理方式和思维方式等的能力。适应能力包括社会适应能力、职业适应能力、人际关系适应能力等。适应能力强的人能够很快地融入集体，能够快速的适应千变万化的社会，在社会上如鱼得水。

（五）人际交往能力

人际交往能力指与他人相处的能力，它是实现人与人之间沟通的一种基本保证，是在一个团体、群体内的与他人和谐相处的能力。据资料分析，良好的人际关系，可使工作成功率与个人幸福达成率达85%以上。人际交往关系处理得好的员工在职场中将如鱼得水。中职生要自觉地培养良好的人际交往能力。人际交往能力的培养是一个长期的过程，不可急于求成、邯郸学步，应有意识地培养适合自己的人际交往能力。

（六）组织管理能力

组织管理能力是指为了有效地实现目标，灵活地运用各种方法，把各种力量合理地组织和有效地协调起来的能力。它包括协调关系的能力和善于用人的能力等。尽管组织管理能力针对管理层工作应用得比较多，但是在个人工作和生活中也会不同程度地用到组织管理才能。现在不仅是管理层应具备管理能力，其他岗位人员也应具备这种能力，这样在工作中才能有效地组织安排好工作，有条不紊地工作，遇到突发事件能灵活处理。中职生可以通过在校期间参加各种学生组织、社团提高自己的组织管理能力，为以后的职业打好基础。

（七）决策能力

决策能力是根据既定目标认识现状、预测未来，决定最优行动方案的能力，是个人素质、知识结构、对困难的承受力、思维方式、判断能力和创新精神等在决策方面的综合表现。决策能力无论对管理者还是其他技术岗位的工作人员来说都是一项必须具备的能力。技术岗位对决策能力的要求比较高，要求技术人员能在信息繁杂的环境中准确地判断技术问题和对从事的工作进行评估，衡量事情的利弊，做出对工作的调整或决策。中职生应重视决策能力的培养，无论是在企业就业，还是自己创业，均要求能对工作进行准确的分析、判断和裁决。

四、国家职业资格证书的具备

国家职业资格证书是通过国家法律、法令和行政条规的形式，以政府的力量来推行，由政府认定的机构来对劳动者的从业资格进行认定，在全国通用的国家级证书。它在中职生职业发展生涯中具有非常重要的作用，它是表明劳动者具有从事某一职业所必须具备的学识和技能的证明。中职生通过职业技能的认证考试，得到相应的证书，可以提高就业竞争力。因此，中职生无论在求学还是在工作中，均应该考取相应的国家职业资格证书。国家职业资格技能等级介绍如表3-1所示。

表 3-1 国家职业资格技能等级介绍

国家职业资格技能等级	职业技能标准	职业资格鉴定申报条件（符合条件之一）
国家职业资格五级（初级工）	能够运用基本技能独立完成本职业的常规工作	1. 经本职业初级正规培训达规定标准学时数，并取得毕（结）业证书 2. 本职业学徒期满的在职职工和职业学校的毕业生 3. 在本职业连续工作两年以上的社会各类人员
国家职业资格四级（中级工）	1. 能够熟练运用基本技能独立完成职业的常规工作，并在特定情况下能够运用专门技能完成较为复杂的工作 2. 能够熟练地运用基本技能和专门技能完成较为复杂的工作 3. 能够与他人进行合作	1. 取得本职业初级职业资格证书一年以上，经本职业四级（中级）正规培训达规定标准学时数 2. 连续从事本职业工作三年以上 3. 技校、中专毕业生，可申报本职业（工种）国家职业资格证书四级 4. 专科毕业生可申报与所学专业相近职业（工种）国家职业资格四级
国家职业资格三级（高级工）	1. 能够熟练运用基本技能和专门技能完成较为复杂的工作，包括完成部分非常规性工作 2. 能够独立处理工作中出现的问题，能够指导他人进行工作或协助培训一般操作人员	1. 取得本职业中级职业资格证书三年以上 2. 经本职业正规的高级技工培训并取得毕（结）业证书 3. 本科毕业生可申报与所学专业相近职业（工种）国家职业资格三级
国家职业资格二级（技师）	1. 能够熟练地运用基本技能和专门技能完成较为复杂的、非常规性的工作 2. 掌握本职业的关键操作技能技术 3. 能够独立处理和解决技术或工艺问题 4. 在操作技能方面有创新；能组织指导他人进行工作 5. 能培训一般操作人员 6. 具有一定的管理能力	1. 取得本职业高级职业资格证书后，连续从事本职业工作四年以上 2. 取得本职业高级职业资格证书的高级技工学校毕业生，连续从事本职业工作满两年

续表

国家职业资格技能等级	职业技能标准	职业资格鉴定申报条件（符合条件之一）
国家职业资格一级（高级技师）	1. 能够熟练运用基本技能和特殊技能在本职业的各个领域完成复杂的、非常规性的工作 2. 熟练掌握本职业的关键操作技能技术 3. 能够独立处理和解决高难度的技术或工艺问题 4. 在技术攻关、工艺革新和技术改革方面有创新 5. 能组织开展技术改造、技术革新和进行专业技能培训 6. 具有管理能力	1. 技师工作三年以上 2. 获取中级专业技术职称后，连续在生产一线从事本职业（工种）工作三年以上者

案例解析

● 上述案例中的三个人的就业过程，分别反映了什么问题？

小杜的求职过程反映了他职业素养低下的问题；小陈在求职过程中存在心理素质弱的问题；小孙在就业过程中表现出了良好的职业素质和正确的职业认知。

● 中职生应如何正确地看待就业？

就业是一个复杂的问题，涉及学科专业、个人能力、心理素养、就业认知、社会供求关系、行业要求等众多因素。中职生在就业过程中难免会受到家庭、亲朋好友、社会现象等各种因素的影响，也难免会出现一些焦虑、紧张、从众等心理问题，这些现象的发生很正常，但是不能因为正常而忽略它们。中职生要对自己有清晰的认识，将市场需求和社会需要相结合，学习必要的心理调节方法，为自己的就业做好铺垫。

第二节 就业信息的收集与处理

【案例】

小胡毕业于四川某中等职业技术学校的航空服务专业。毕业之前他到一家航空公司做安检员，实习期将近5个月。在这5个月当中，小胡为准备就业信息，了解航空公司招聘毕业生所需的知识和技能，于是他从网站上以及在航空公司上班的往届校友处获取就业信息，并了解重庆、成都、西安、北京、上海、深圳等地的航空公司招聘情况，以及对这些城市和公司进行分析及预测，比较全面地掌握了就业单位的基本情况。于是他结合自己的专业特长和兴趣爱好，有针对性地向几家用人单位发出了求职简历，同时既联系学校老师、航空公司校友给自己做推荐人，又通过家庭关系向航空公司推荐自己。最终，小胡被成都一家航空公司录用。

小宋和小胡是同班同学，但是小宋每天坐在电脑上不停地找各种就业信息的网站，比如智联招聘、前程无忧、58同城、民航招聘网等，虽然他根据自己专业和兴趣选择岗位，但是未见成效。

小何就读于重庆某中等职业技术学校的汽车制造专业，毕业当年参加人才市场交流会时，当他简单地听了某单位的人事介绍单位的情况和工作内容后，便草率地签订了就业协议。但是当他去这家单位工作后，发现这家单位并不如宣传中说的那么好，最终坚持不下去，违约离职。

【思考】

1. 小胡和小宋在求职过程中做了哪些准备？
2. 在求职过程中，中职生应如何做准备？

每一位即将踏入职场的毕业生，在求职中对就业信息准备得越充分，获得满意的工作的主动权就越大，就业成功的概率也就越高。就业信息在很大程度上影响着就业的结果。就业信息指通过各种媒介传递的有关就业方面的情况，比如就业政策、就业机构、劳动力供求关系、劳动用工制度、就业方法、工作发展前景等。就业信息的准备代表了毕业生对就业的重视，就业信息的地位和作用在严峻的就业形势下非常重要。

一、就业信息的收集

（一）就业政策与法规信息

就业政策与法规信息能够让中职生了解到国家对毕业生的就业政策与用人制度的信息。相关的政策及规定有：《中华人民共和国劳动法》《中华人民共和国劳动合同法》《中华人民共和国反不正当竞争法》《中华人民共和国国家公务员法》。

（二）用人单位信息

求职时，毕业生要对用人单位的基本信息有一个大致的了解，包括用人单位的职位名称、职位要求、用人单位的规模大小和前景、福利待遇等具体的信息。在就业过程中，应避免一些虚假宣传，做到对用人单位的客观评价。掌握用人单位的信息，这是每一个即将毕业的毕业生应做的准备。

（三）就业的经验方法

求职过程中，单位的选择、岗位的选择、面试的方法、材料的准备等一些有助于就业成功的经验方法，都会为毕业生顺利找到工作锦上添花。这些经验方法可以从学校教师、家长、校友或有经验的职场人等方面获取。

（四）就业管理机构

了解负责就业指导管理的国家部门和机构，比如各省、自治区、直辖市的管理部门或机构，学校的管理部门或机构。这样，当毕业生在求职过程中遇到困难或问题时，就可以随时向有关的机构进行咨询。

（五）就业程序

毕业生也应当对就业程序有一定了解，如签订就业协议必须履行的手续；就业后户口和档案将转向何处等。

二、就业信息的收集原则

（一）准确性原则

准确性原则是指就业信息收集来源和内容必须真实可靠。在信息的搜集过程中要严格分析、筛选、去伪存真，排除错误的信息。如果信息不准确，就会给择业带来决策上的失误。就业信息的准确性是学生在选择工作时做出决策的关键。

（二）时效性原则

时效性原则是指就业信息具有一定的时间期限。时效性原则要求信息反映的情况必须是当下社会、企业对人才的要求。同时，还要求毕业生在找工作时，必须把握好时间，主动出击，抓住机遇。如毕业季找工作的时间相对集中，在每年的 3~5 月或 9~11 月，就业信息在这段时间内相对比较集中，如果错过了这段时间，找工作的难度会相对增加。

（三）针对性原则

针对性原则是指在就业信息收集过程中应对号入座，结合自身的综合情况采集信息。针对性原则要求毕业生在找工作时要依据自己的专业、能力、性格、气质等因素来收集就业信息和选择工作，要明确收集信息的目的和方向。

（四）系统性原则

系统性原则是指对就业信息的收集要全面、系统，以便把握方向，达到预期目的。系统性原则要求毕业生在收集就业信息时能对各种相关的、零碎的信息进行加工、筛选，从而形成一个能客观、系统地反映当前就业市场、就业政策、就业动向的就业信息，为自己的择业提供更可靠的依据。

（五）计划性原则

计划性原则是指要明确收集信息的目的，依据目的确定就业信息的搜集范围，做到有的放矢。计划性原则要求毕业生在收集就业信息时要有重点和方向，能对就业的信息进行侧重点处理和分类，避免大海捞针。如想要在新疆地区工作的毕业生，就应收集新疆的就业政策、相关企业的就业信息、相关企业的工作待遇、工作要求和工作岗位的发布时间等。

（六）价值性原则

价值性原则是指就业信息的收集要对就业有帮助。价值性原则要求毕业生要根据信息的时间维度（时效性）、信息的内容维度（真实性与准确性）、信息的形式维度（完整性和呈现性）来衡量就业信息的价值。

三、就业信息的收集方法

（一）全方位收集法

全方位收集法是指把与所学专业有关联的所有就业信息都收集起来，再按一定的标准进行整理和筛选，以备使用。这种方法获取的就业信息广泛，选择余地大，但较浪费时间和精力。

（二）定向收集法

定向收集法是指根据自己专业方向、爱好特长、能力倾向来选择职业范围和职业方向，并以此来收集相关的就业信息。根据这种方法能找到适合自己的工作，但当选定职业方向和求职范围过于狭窄时，有可能会大大缩小选择余地，特别是所选定的职业范围是竞争激烈且相当"热门"的工作时，很可能给下一步的择业带来较大困难。

（三）区域收集法

区域收集法是指根据个人对某个或某几个地区的偏好来搜集信息，而对职业方向和行业范围较少关注和选择。这是一种"重地区、轻专业"的信息收集法。按这种方法收集信息和选择职业，也可能由于所面向地区的狭小和"地区过热"（即有较多择业者涌向该地区）而造成择业困难。

四、就业信息的收集途径

（一）学校就业指导中心

学校就业指导中心主要服务于学生就业工作，是学生了解本年度的就业相关政策、当地和外地的就业动态变化、用人单位情况反馈的重要窗口。从学校的就业指导中心获取信息的针对性强，可信度高、专业对口性强且有较强的时效性和权威性，但是也存在用人单位数量和范畴掌握上的不足。

（二）供需见面会

供需见面会是指在学校里举办的就业双选会。每个学校在每年毕业季都会举办多次这样的见面会。参见供需见面会的单位很多都与学校的专业设置要求相符，可供毕业生选择的机会也较多。毕业生要好好抓住这个机会。

（三）校园宣讲会

校园宣讲会有别于供需见面会。校园宣讲会一般是单位在校园某个教室或会议室单独举行。用人单位会根据学校培养的人才到学校进行招聘，学校会对用人单位进行核查和筛选。校园宣讲会会向同学们介绍该单位的发展历程、单位文化、岗位类别、岗位要求、岗位待遇、职业发展前景等。校园宣讲会是毕业生就业的一个比较好的途径。

（四）人才中介机构

人才中介机构主要是为用人单位和个人求职做中介服务和管理工作服务的组织，具有报酬性。人才中介机构会发布人才供求信息，其行业范围覆盖广，能够根据毕业生的意向提供比较多的、有针对性的岗位。

（五）大众媒介

广播、电视、报纸、杂志等各种媒介会不定时地发布一些人才招聘信息，通过这些信息，中职生可以了解到人才供求信息、岗位需求信息和一些单位信息等。但需要注意的是，看到这些求职信息时，毕业生要学会辨别其真伪。

（六）互联网

互联网是当下中职毕业生获取就业信息最广、最普遍的一种途径。常见的求职互联网有以下几类。

1. 专业的求职网站

一些比较出名的求职网站，如智联招聘、前程无忧、中华英才网、应届生求职网、中国企业人才网等。在这类网站上可以看到成千上万条招聘信息，中职毕业生可以在这些网站上对招聘信息的地域、行业、薪资、岗位发布时间等进行查询。这类网站还设有一些特殊服务，比如职位订阅、职业咨询等，它会把最新的招聘信息发送给就业者，就业者看到合适的工作岗位后，就可以在线填写求职简历，然后投递到相应单位。

2. 用人单位官方网站

很多用人单位都有自己的网站，网站上除了介绍单位的历史、单位的文化与产品以外，还会有人才招聘信息。中职毕业生如果对某个单位有倾向，可以通过该用人单位网站了解相关信息。

3.门户网站

所谓门户网站,是指通向某类综合性互联网信息资源并提供有关信息服务的应用系统。门户网站的好处是容纳了多家招聘网站的信息,在门户网站中可以获得相关的就业政策、新闻及就业技巧等。我国的四大门户网站为:新浪、网易、搜狐、腾讯。

4.省、市人才市场官方网站

省、市人才市场官方网站会发布一些有关本省或本市的就业信息,比如成都人才网、成都高新区人才资源市场网等。这类网站会发布一些当地最新的就业信息,如最新的校园招聘会、人才市场招聘会等。

(七)社会关系

就业时还可动用一些社会关系,比如家长、亲戚、朋友、老师等,以了解一些单位的人才需求,通过社会关系,可增加就业的成功比率。

(八)社会实践

社会实践能够让中职毕业生真正了解到各单位的真实情况和人才需求情况,同时参加社会实践,中职毕业生可实现有的放矢地自我推荐。

(九)毕业实习

通过毕业实习,毕业生可对实习单位、岗位要求做到有一定程度的了解。中职生若在实习时,能好好地表现,赢得实习单位的好感和信任,那么通过实习单位就可以获得就业,这也是一个非常好的就业机会。

(十)直接与用人单位联系

中职生还可通过登门造访、电子邮件、电话咨询、传真等方式,直接与用人单位负责人联系,获取所需要的就业信息。

五、就业信息的处理

(一)就业信息的处理过程

1.筛选

就业信息的筛选是指对已经获取的就业信息进行剔除或是留用的处理。中职生可能在最初收集信息时，收集的就业信息比较杂乱，甚至有一些是"垃圾信息"和"干扰信息"，这时需要我们对信息进行筛选处理，最后留下好的、有用的信息，以便为自己的求职做准备。

2. 求证

就业信息的求证是指对已经筛选过的信息判断其是否有用或其真实性，同时了解信息的时效性如何、价值如何的过程。求证的途径可以有权威网站、单位工作人员、亲朋好友等。

3. 归类

就业信息的归类是指对求证的就业信息进行分类整理。在对信息进行求证其真实性后，就要按照重要程度对其进行归类，如行业、薪资、前景、距离等，再通过归类表格进行比较。

4. 利用

就业信息的利用是指根据已经归类好的就业信息并结合自身的情况采取的就业行动。就业者可依据自己的兴趣爱好、性格特征、基本素质、专业知识、技术能力等采取行动。

（二）就业信息的处理原则

1. 辨别分析原则

就业信息处理的辨别分析原则是指对已获得的就业信息进行鉴别，以判断其真假性、时效性、价值性。有的信息从不同的渠道获取，而且内容量比较大，这就要求中职毕业生必须对信息做对比鉴别，不能够一知半解，要确定信息的真实性、有效性和实用性。

2. 综合对比原则

就业信息处理的综合对比原则是指从已获取的就业信息中，根据自身情况进行比较。信息获取之后，从自身综合条件出发，选出、标明和留存重点信息，并对信息的各方面进行对比，得出各方的优劣，找到符合自己的工作。

3. 时效性原则

就业信息处理的时效性原则是指对已获得的就业信息的处理要尽可能地快。就业信息具有很强的时效性，很容易过时，因为好的工作岗位竞聘的人数通常较多，但是招聘人数有限。因此，在处理就业信息上，一定要及时。

4. 适应性原则

就业信息处理的适应性原则是指在就业信息的处理上，一定要将自身的专业、兴趣、爱好、特长、社会发展需要、国家需要结合起来，挑选出适合自己的工作。

5. 可行性原则

就业信息处理的可行性原则是指就业信息的处理一定要基于现实出发，结合国家政策和自身情况，要保证处理后的就业信息能对自己就业有帮助，具有可操作性。在对就业信息的处理上，中职生要对自己有全面的认识，要结合现实，不要好高骛远。

6. 实证性原则

就业信息处理的实证性原则是指就业信息必须要真实可靠，去伪存真。获取就业信息后，要弄清信息的可靠程度，可通过有关人士、相关专家了解，以确定信息的可靠性。

7. 遵循国家发展趋势原则

就业信息的处理的一个基本原则是应遵循国家发展趋势。因为职业的淘汰与更新是顺应国家和社会的发展而变化的，因此在处理就业信息时，应用发展的眼光指导自己的职业选择。

（三）就业信息的处理方法

1. 鉴别分析，选择真实可靠的信息

获取就业信息后，要鉴别信息的可靠程度，内容是否齐全，是否是当下的信息。

2. 重点把握，个人首选信息排序

在就业信息很多时，我们要进行侧重点把握，根据自己的综合实际情况，将信息进行排序，比如薪资要求、就业地点、单位规模等。

3. 挖掘信息，选取适合自己的信息

有时就业信息并不都是显著地展示给中职生，比如一些国家就业优惠政策

和某些单位的岗位发展前景。比如有的单位可能目前发展得较差，但能够给人才以较大的发展空间等。这些都要求中职毕业生要具备发展的眼光和分析的能力。从大局的方向选择职业和单位，中职生要留意信息的细枝末节，由表及里地挖掘信息的潜在价值。

4. 及时反馈，计划备份信息

及时的信息反馈是成功就业的保障。当收集到单位的就业信息时，毕业生应当及时地向用人单位反馈，而不是犹豫不决或是被动等待。

（四）处理就业信息的禁忌问题

1. 忌从众行为

中职生在就业信息处理时，一定要有主见，不能人云亦云，别人说哪里好就往哪里跑；别人往哪里走，就往哪里凑。

2. 忌轻信行为

中职生在就业时不要一味地听信亲朋好友所带来的信息或网络信息，因为这些消息不一定可靠，而应对这些消息认真筛选。

3. 忌急于求成

中职生在找工作时，一定要耐心等待，不能看到大家都有了工作就匆忙就业，急于求成。

六、就业陷阱的识别与规避

每一年的毕业生基数很大，中职生的就业问题是最受关注的问题之一。一些不法机构利用中职生急于求成的心理，以提供就业机会为诱饵，让中职生达成就业协议。如果稍不注意，中职生可能就会陷入就业的陷阱中。因此，一定要注意识别和规避这些陷阱。

（一）就业陷阱的定义与特征

1. 就业陷阱的定义

就业陷阱一般是指不法分子或机构利用求职者急于就业的心理，采取欺骗、诱惑、隐蔽等手段，骗取求职者的财务信息、个人信息，或是将其作为低廉甚至免费的劳动力。

2. 就业陷阱的特征

（1）欺骗性，主要表现为招聘单位虚假宣传、不实承诺取得中职生的信任和期望，在协议中提出苛刻条件，隐藏各种不法目的。

（2）诱惑性，主要表现为招聘单位着力包装、夸大事实，并以单位各种招牌、荣誉、待遇和发展前景蛊惑中职生。

（3）隐蔽性，主要表现为招聘单位利用十分华丽的、诱人的说辞，让他们的谎言听起来入情入理，面面俱到，句句都令人心动，其实处处是陷阱。

（4）违法性，主要表现为招聘单位扣押求职者的身份证、户口本、学历证书、毕业证书、职业证书，或是让求职者缴纳求职押金，骗说工作达到一定的时间或要求就能退回押金的行为。

（二）就业陷阱的方式

1. 高薪承诺陷阱

高薪承诺陷阱是指一些用人单位利用求职者急于就业的心理，对求职者虚假承诺高工资、好福利的信息，以骗取求职者入职为目的，在求职者入职后以各种理论不兑现承诺的现象。一些用人单位利用毕业生求职心切的心理和缺乏社会经验、单纯、易轻信别人的特点，在"双向选择"的过程中或在招聘广告中介绍本单位情况时用词华丽、夸大其词，表明一些让人心动的"承诺"，以迷惑毕业生前来应聘。大致分为以下三种类型。

（1）高薪承诺，如月薪1万元～2万元，或年薪12万元起，或年底最低分红5%，这些含糊的薪资数字让求职者颇为心动。但是这些承诺要么是口头协议，要么是在工资结算时以各种理由对薪资大打折扣。

（2）福利承诺，如买房、买车提供无息贷款10万元～30万元，节假日发放购物卡、健身卡等。一些用人单位口头上给求职者提供的福利承诺格外让人眼红，而实际上要兑现这些福利又有许多苛刻的限定。

（3）职位承诺，如项目总监、人事经理、技术主管、医药代表等。一些用人单位用职位头衔、位置来吸引毕业生，但是求职者在实际工作中从事的工作与职位名称却不搭边。

2. 合同陷阱

合同陷阱是指用人单位没有按照《劳动法》规定的要求与劳动者建立合法的劳动关系，劳动者往往因为合同陷阱而吃亏。合同是单位和求职者建立劳动关系、维护各自权利的依据。在签订聘用合同时，应以平等的地位签订，劳资双方没有高低之分。合同上应标明薪资范围、绩效考核具体方法、加班劳动薪资情况、休息时间、社保及其他福利待遇等内容。但是，有些用人单位利用毕业生刚步入社会，对法律法规知晓较少的情况，在合同上做"陷阱"。合同陷阱类型有以下几种。

（1）口头合同。用人单位与毕业生只是在口头上约定相互间的责任、权力、利益，不和毕业生签订纸质合同。

（2）霸王合同。这种类型的合同只从企业一边的利益出发，让毕业生以廉价的报酬最大限度地提供劳动力，一些社会保险与其他国家法律法规要求被忽略，制订"一边倒合同"。

（3）幕后合同。这种类型的合同中有关病、伤、残、死亡的保险条款不符合相关法律规定，也不向劳动者讲明合同内容。

（4）保证合同。这种类型的合同往往附带着一些不合理的要求，并要求求职者写入保证书里。

（5）双面合同。这种类型的合同是指企业让毕业生签订两份不同的真假合同，假合同应付检查，真合同实际使用，往往是假合同符合法律法规，但是真合同可能是霸王合同，没有注明最基本的权利。

（6）抵押合同。这种类型的合同要求毕业生缴纳风险基金、保证金、抵押金、身份证及其他证书等。如果在合同期内离职，则要不回来这笔钱，身份证和其他证书会被抵押或是延迟归还。

3. 中介陷阱

中介陷阱是指求职者在求职过程中受到不良、违法中介的利用而发生信息被盗，或是钱财被骗的现象。有的用人单位会委托中介来招聘人才，但是市场上的人才中介比较复杂，有的名不符实，只为了获取信息而不提供相应的中介服务；有的收取钱财就跑路。所以毕业生在选择人才中介机构时，一定要谨慎，要选择一些名誉好、效率高、专业性强、背景可靠的机构。毕业生应学会辨别中介机构。

（1）正规的人才中介机构应具有的特征。

①办公场所应悬挂有营业执照和招工许可证原件。

②是服务项目的收费标准应当公开化。

③如收费应具有由税务局监制的发票，并且写明实际服务项目。

④应公示劳动监察机关举报受理电话。

⑤服务人员应持有职业资格证。

（2）非法的中介机构类型。

①冠冕堂皇型机构。这类机构表面上看很正规，但是营业许可证是复印件，或是营业许可证已经过期作废，或是企业法人是被工商列入黑名单的人员。

②调虎离山型机构。这类机构的特点是在本地会有工作点，但是要求求职者到外地面试，特别是一些治安较差的城镇，等求职者到达目的地后进行威胁恐吓行骗。

③游动型机构。这类机构的一个显著特点是没有专门的办公地点，求职者要和机构有关人员交流时一般会被安排在茶馆、餐厅等地方；当被要求提供营业执照或是其他职业许可证时会说在办理当中，或是在其他城市总部。

④双簧型机构。这类机构的特点是与一些非法单位勾结起来骗取求职者的中介费。当求职者给了中介费后，中介会将求职者介绍到与之勾结的单位中去面试与工作，但是工作存在试用期，在试用期过后会告知求职者因为某些方面的原因不合格而不予录用。

（3）非法中介机构常见骗术。

①"直聘"引诱骗术。一些非法中介在网站、报纸上发布招聘广告，表明公司直聘，不收取任何押金，但是求职者去应聘之后，要求缴纳培训费、资料费、上岗费等各项变相费用。

②条件诱惑骗术。一些非法中介在提供岗位时，往往标明"立刻上岗""高薪急聘"的字眼；有的非法中介还以某某公司"急聘"的职位表为道具、提供中介服务承诺书等骗取求职者钱财。

③与用人单位联合行骗。一些非法中介找用人单位做"搭档"提供虚假的招聘信息给求职者，然后合伙行骗。求职者面试之后往往被要求缴纳中介费作为介绍费。当求职者缴纳费用入职并在试用期结束后，用人单位以各种理由辞退求职者，中介费被分摊。

④与医疗机构联合行骗。有些非法中介在提供工作岗位时要求办理"健康

证明",并要求求职者去指定的医院办理健康证明,而其指定的医院的体检费却大大高于普通医院的体检费用。

4. 试用期陷阱

试用期陷阱是指用人单位故意延长劳动者的试用期时间,或是试用期结束后以各种借口辞退劳动者的现象。试用期是用人单位对新录用员工进行考核的一种方式,目的是让劳动者和用人单位双方在规定时间段内进行详细的了解并进行双选的过程。试用期是劳动合同的一个特殊时期,试用期在大多数企业中都会执行,目的在于帮助用人单位以最低的风险争取优秀人才的加入。试用期的约定条款对双方都有约束力,试用期期间也会表明薪资和其他工作内容、福利待遇等,一般来说试用期的薪水是转正后薪水的80%,并且试用期期限有明确规定。但是一些公司为了使用廉价劳动力,提供的试用期要么是无限期,要么试用期过长,最后可能以试用期不合格为原因辞退毕业生。

5. 传销陷阱

传销是指组织者或经营者发展人员,要求被发展人员发展其他人员加入,对发展人员以其直接或间接发展的人员数量或售业绩为依据计算和给付报酬,或要求被发展人员交纳昂贵的会费为条件取得加入资格等方式牟取非法利益,扰乱经济秩序,影响社会稳定的行为。传销陷阱是指求职者陷入传销的现象。传销是国家明令禁止的违法行为。

传销组织利用中职生就业压力大、社会经验浅等,假借单位名义招聘毕业生,以"好工作、高收入"为诱饵,让毕业生加入其组织。当加入其组织之后,听信于传销头目欺骗亲朋好友,让他们加入组织,加入组织还要交纳昂贵的会费,而传销的商品一般没有任何使用价值,服务项目纯属虚构。

6. 收费抵押陷阱

收费抵押陷阱是指求职者在就业过程中,用人单位以各种借口抵押求职者的证件和押金的现象。有些单位在公布招聘岗位时,没有任何的要求,只简单地聊两句就会告诉求职者被录取,对公司的具体情况和具体待遇避而不谈,但会以上岗培训费、工服费、资料费等为由收取各类押金。他们会告诉求职者如果在规定时间内工作考核过关,会退回相关费用,但是又会在短期内辞退求职者,或者采取一些手段(高强度的工作、苛刻的管理制度、公司经营问题)逼迫求职者提出辞职,从而达到骗钱的目的。有的组织不单单会收取押金,还会收取身份证、职业证书、毕业证书等相关证件,借口是工作期间由组织保管,然后用这些证件去从事一些非法活动。

7. 培训陷阱

培训陷阱是指求职者在求职过程中,有的组织以先培训后上岗的理由收取求职者的培训费,在培训结束后又以各种理由不录取求职者的现象。求职过程中,有些组织在招聘时会标明高薪岗、就业保证等诱惑的字眼,但是前提是必须先缴纳一笔培训费用。通常培训后,这些组织会以种种理由不给中职生安排就业;或是将他们安排到一些位置偏僻、层次较低的企业或无人问津的低薪岗位;或是经过培训后,考核过关的人数寥寥无几,即使被录用也难以转正。

8. 产品先买后上岗陷阱

产品先买后上岗陷阱是指有的组织要求求职者先购买其产品,然后才能被录用的现象。这类陷阱的明显做法是要求求职者先购买其产品然后才能上岗,但是这些产品在实际的销售过程中很难销售出去的,而求职者购买这些产品后会因为卖不出去而利益受到损害。

9. 骗取信息陷阱

骗取信息陷阱是有的组织发布虚假岗位信息而盗取求职者的个人信息,或是利用求职者的求职心理让求职者从事非法活动的现象。还有的组织明明在现场或是网上标出招聘的岗位信息,但是求职者投递了,却没有收到该组织的任何信息反馈。这些组织的目的只是为了获取求职者的信息资料,比如电话、策划创意、项目方案等,或是借招聘的名义为企业形象做广告等

10. 感情陷阱

感情陷阱是指有的组织利用社会裙带关系进行招聘,但是求职者到用人单位工作后没有合法的劳动合同,一不小心就会被辞退的现象。有些组织借助校友、老乡、同学的幌子招聘人员,但是不签合同,也不办理任何手续,只有口头协议,如果在工作中稍有不慎,就会被赶出来,甚至连工资都会找借口不发。

(三)就业陷阱的防范方法

1. 防范意识的培养

中职生在平时应该加强相关法律法规的学习,如《中华人民共和国就业促

进法》《中华人民共和国劳动合同法》《禁止传销条例》等，树立正确的择业观，不好高骛远，不争强好胜，不嫉妒对比，客观地评价自己，结合现实和自身情况选择工作。在择业过程中保持良好的心态，学会调节就业时出现的不良情绪和错误想法。

2. 辨别虚假就业信息

在获取就业信息时，要确定信息的来源是否可靠和真实，一些不正规的就业信息来源应当被过滤掉。一些可能的虚假就业信息如下。

（1）贴在电线杆、车站站台、偏僻角落等的"招工信息"。

（2）大街上主动介绍工作的"好心人"。

（3）报纸招聘广告中内容简单的"小豆腐块"信息。

（4）招聘信息中无单位名称与地址，只有联系电话和联系人；只有高薪岗位、包食宿而无其他详细说明的就业信息。

（5）岗位要求较低，但薪酬明显高于市场平均水平的就业信息。

3. 选择正规合法的中介机构

如果毕业生选择中介机构来就业，一定要选择合法正规的中介机构，正规合法的中介机构应具备工商营业执照原件、企业资格证原件、税务登记原件、执业许可证原件。

4. 面试防范

毕业生在收到用人单位的面试邀请信息时，一定要核实面试单位情况，如公司背景资料、工作职责范围、公司地址及公司法人等。如果用人单位让求职者到僻静、私人场所等地方面试，要么拒绝，要么向家人或朋友汇报面试单位及地址以防不测。

5. 谨慎签约劳动合同

劳动合同的签约也应谨慎，要仔细查看合同是否合法，是否有不合理的条约，是否一式两份。一般劳动合同应注明的内容有：合同期限、工作岗位及内容、工资报酬、社会福利、劳动纪律、协议终止条件、违约责任、附带条款等。

6. 及时退出与寻求支援

如果毕业生发现已经步入就业陷阱了，感觉上当受骗了，那么要及时找时机和借口退出陷阱，并及时向招聘单位所在地的人事局、劳动监察局大队、公安局报案，寻求法律支援。

案例解析

● 小胡和小宋在求职过程中做了哪些准备？

小胡在求职过程中做的就业准备有：第一，先了解用人单位的发布岗位的所在城市、岗位对求职者的知识和技能要求。第二，主动向用人单位发出自荐信。第三，利用自己的人脉关系为自己推荐，助力自己的求职砝码。

小宋在求职过程中几乎没有做什么准备，只是通过搜索各种招聘网站信息进行岗位选择和投递，但是并没有做详细的信息分析，如用人单位的地址、招聘要求、自己的能力水平等。

● 在求职过程中，中职生应如何做准备？

中职生在求职过程中，应该收集相关的就业政策和法规信息、用人单位信息、成功就业的经验方法、就业的程序、就业的管理部门等。在收集信息的过程中应以信息的时效性、准确性、针对性、系统性、计划性、价值性为原则，对已经获得的就业信息进行筛选、求证、归类。在求职过程中还应提高警惕，避免陷入各种就业陷阱。

第三节　求职材料的准备

案例

2018年6月，小谭毕业于某中等职业技术学校的平面设计专业。毕业之际，她四处找工作。起先，她在网上看中了几个工作，就在网上投递了简历，但是几天过去了，并没有接到任何用人单位的面试通知。有一天某大型企业在校园举办了一场校园宣讲会。小谭参加了宣讲会并投递了简历，但是简历还是没有被筛选通过，小谭找工作人员咨询原因，她得到的答案是简历太过于简单，没有标明相应的职业技能、实习经历，而其他同学在简历中都附带着自我推荐信和其职业资格证明复印件、其他证书复印件。

小苗是2018年毕业的中职生，他有丰富的实习经验、社团管理经验。临近毕业季，他首先在网上查询了简历的制作方法，简历所包含的内容等，还了解了在就业过程中，除了准备简历外，还应准备哪些材料。因此，小苗制作出的简历排版清晰，内容突出，实习经历、教育经历、奖项证明、相关证书、个性特征、自我评价等也都很清楚，简历上还附带着彩色证件照片。当他向有意向的6家单位透出简历后，均接到了面试的邀请。在面试的时候，小苗还带上了相关证件的复印件。最终，小苗得到了心仪的工作。

【思考】
1. 小谭和小苗在就业过程中，求职材料准备的不同说明了什么问题？
2. 求职材料包括哪些？应如何准备？

求职材料是指求职者为了获得所需职位或面试机会而制作的包括个人履历、求职信、成绩单、职业资格证书等在内的系列资料。求职材料的准备目的是让别人了解你、吸引面试单位从而得到面试的机会。求职材料的内容应尽可能地展示自己的才能和个性。因此，求职材料的目的是求职者借用材料来宣传自己、展示自己、推荐自己，从而让用人单位认识自己、了解自己，最终选择自己而达到成功就业的目的。

全面的求职材料应包含封面、求职信（自荐信、推荐信）、个人中（英）文简历、就业推荐表、学习成绩单、各种证书、其他能力证明、材料。

一、封面

毕业生在毕业求职时，往往会设计求职材料封面。求职材料的封面非常重要，因为封面代表着一个求职者的面子，是一个人的形象象征，封面设计应该美观、大方、醒目、整洁。

封面的设计风格应与应聘岗位相匹配，且与材料内部主体的风格相一致，具有同一性和整体性；封面与求职材料装订时要采用A4标准纸，用计算机打印；封面的信息要齐全，包括电话、邮箱、求职岗位、学校、学院、专业等，字体应用简体中文，不要用繁体字，除非有特殊要求。

二、求职信

求职信是向用人单位介绍自己、推销自己，并申请具体职业的书面材料，又称自荐信、推荐信。求职信的目的是引起用人单位的兴趣，起到毛遂自荐的作用，为自己争取到面试的机会。因此，求职信一定要简明扼要，通俗易懂，切勿使用生僻词语和过多的专业术语。

通常求职信的撰写要求包括简单而全面的个人信息、应聘岗位和能胜任本岗位的各种能力、对单位的了解与关注、表达希望与感谢。求职信篇幅以一页A4纸为宜，正文五号或四号宋体字体为佳，段落长度不超过4句或5句，一个句子最长2行，每段的第一句话介绍这段的主题。此外，求职信的格式有一定的统一要求，格式的顺序应是标题、称谓、正文、结尾、署名、日期和附件。

求职信范例可参考如下：

> 尊敬的领导：
>
> 您好！
>
> 我是××中等职业技术学校××专业的一名应届毕业生，即将面临毕业。
>
> 三年中我努力学习各门基础课程及专业课程，掌握了××××、××××等有关理论知识，在校曾获得"三好学生""优秀干部""最佳企业实习生"等荣誉。学校课程的学习与实习，让我熟悉涉外工作常用礼仪，具备较好的英语听、说、读、写、译等能力，能熟练操作计算机办公软件。同时，我利用课余时间广泛地涉猎了大量书籍，不但充实了自己也培养了自己多方面的技能。
>
> 此外，我还积极地参加各种社会活动，抓住每一个机会锻炼自己。我深深地感受到，与优秀的学生共事，使我在竞争中获益；向实际困难挑战，让我在挫折中成长。我热爱贵单位所从事的工作，殷切地期望能够在您的领导下，为这一光荣的事业添砖加瓦并且在实践中不断学习、进步。
>
> 收笔之际，郑重地提一个小小的要求：无论您是否选择我，尊敬的领导，希望您能够接受我诚恳的谢意！
>
> 祝愿贵单位事业蒸蒸日上！
>
> 姓名：××
>
> 日期：××年××月××日

三、简历

简历是说明求职者身份、学业、经历的书面材料，重点在于介绍个人的基本情况，如教育背景、校园经历、社会实践经历、爱好特长、所获荣誉等。简历行文要简洁明了，阐述自己做过什么。在制作简历的过程中要明确三点：一是明确求职的目标，即要明确职业类型、求职范围。二是客观分析自己的优势，适合从事何种工作。三是研究用人单位的需求，即职位的具体要求。

（一）制作简历的基本原则

1. 简洁性原则

撰写简历要简洁明了，不可模糊不清，笼统概括。

2. 针对性原则

简历要与求职意向相关，是一套为自己量身定做的材料。

3. 真实性原则

简历内容可以适度修饰，但不可弄虚作假，必须实事求是。

4. 客观性原则

简历上应提供客观的证明或佐证资历、能力的事实和数据。

简历的基本内容如表3-2所示。

表3-2 简历的基本项目与内容

基本项目	相关内容
个人资料	姓名、性别、籍贯、电话、邮箱（请记得附上标准工作证件照）、求职意向
教育背景	毕业学校、专业、学位、学习课程
校园经历	学生会经历、社团经历（标明职务名称、时间段、工作内容）
实践经历	实习经历、社会工作经历（标明职务名称、时间段、工作内容）
职业技能	职业资格证书、计算机水平证书、英语水平证书，其他技能证书
所获荣誉	三好学生、优秀团员、优秀班干、奖学金、竞赛奖励
爱好特长	与岗位相关的特长与爱好，如CAD绘图、SPSS软件统计
求职意向	行业及大概职业类别
自我评价	对自己的专长、性格、兴趣、能力进行评价

（二）制作简历的注意事项

（1）针对不同的职位，个人的基本信息可以适当地增减。

（2）尽量使用常见的邮箱地址，如163邮箱、126邮箱，避免使用QQ邮箱、专属域名邮箱。

（3）简历照片应采用标准的工作证件照，照片大小应适宜。

（4）简历不可过长，1~2页中文简历或1~2页英文简历即可。

（5）简历字体宜用宋体、仿宋，字体尽量少用斜体和下划线，简历项目可用粗体进行强调。

（6）字体大小应选择"小四"和"五号"，字体颜色以黑色为主，或加少量一种其他颜色。

（7）行间距1倍或1.5倍，用标准的A4纸复印打印，纸张重量应至少在80~100克。

（8）不同的职业应准备不同的简历，并根据岗位需求有针对性地修改细节。

（三）制作简历应避免的错误

（1）简历上不应注明身份证号码，以防信息泄漏。

（2）求职宣言不可过于夸张，如"贵公司给我一个机会，我会为公司肝脑涂地"。

（3）信息夸大，过度"美化"自己。适当的美化和修饰自己是可以的，但是应该适度。

（4）基本信息"缺胳膊少腿"，如不写出生年月日，不写籍贯，不写毕业时间。

（5）个性描述、爱好特长雷同，如个性外向活泼，沟通能力强，能与人和睦相处、诚实正直、爱好音乐和运动等。

（四）用人单位筛选简历的标准

（1）过长的简历无用，言简意赅的简历最受欢迎。

（2）先看专业再挑学校背景，重点院校、专业对口的学生很受招聘单位青睐。同时突出的英语能力、担任过班长或学生会干部、拥有社团组织者的经历，都会成为简历的亮点。

（3）从简历判断求职者的思维特点。招聘技术型人才时，用人单位一般比较注重毕业生的专业成绩；在招聘财务人才时，用人单位一般会看中毕业生的财务管理能力、内外协调能力。

（4）申请职位不明确的简历不是首选。有些毕业生在简历上表明好几个求职意向，且不排序，这会让用人单位感到模糊。

（5）用人单位喜欢用数字体现个人业绩的简历，这样比较直观、形象。

（6）细节考查职业诚信。有些用人单位非常在意求职者的职业道德和职业诚信，通常会注意查看简历内容的完整性、真实性，应聘者工作的连续性和稳定性。

（7）自我评价要适度。用人单位不喜欢夸夸其谈的求职者，喜欢诚实、不弄虚作假的求职者。

四、推荐信

推荐信分为两种：一种是由单位出具（加盖章），另一种是由有影响力的个人以私人名义出具的推荐函。采用手写稿推荐函最好，因为手写稿会给收信人一种亲切感，对用人单位全面衡量求职者非常有好处。对于求职阶段的毕业生来说，能有学校写的推荐信，将有利于毕业生们在求职时更好地疏通关系，收到事半功倍的效果。

五、毕业生就业推荐表

毕业生就业推荐表是学校为帮助毕业生求职，专门向用人单位出具的正式推荐函，它表明了毕业生的身份、培养方式、在校表现、专业。毕业推荐表由学生自己在网上填写，提交学校就业中心审核，打印出来后再交给院系填写推荐意见，然后提交学校就业中心审核签字，最后返回给院系发放给毕业生。继续升学或是出国的毕业生也需要填写推荐表。如果推荐表要更换，必须将原件退回就业中心，办理登记手续后填写新的推荐表，再提交审核，最后由院系发给本人。

毕业生就业推荐表是毕业生择业过程中重要的推荐材料之一，学校每年都要为应届毕业生择业而专门设计推荐表。毕业生与用人单位正式签约之前，都要求毕业生填写毕业生推荐表，然后由学校就业部门盖章，这是学校正式推荐的就业材料之一，具有不可代替的权威性。毕业生应认真填写推荐表中的每一项内容，相关栏目不要留空白。

毕业生就业推荐表的基本内容包括以下几个方面。

（一）基本情况

姓名、性别、年龄、政治面貌、所学专业、学制、健康状况、个人通信方式等毕业生的基本情况。

（二）在校期间参加社会工作情况

此部分按照时间或是具体模块来写，不要留空白，用人单位都比较重视毕业生的社会实践活动。

（三）在校期间奖惩情况

此部分填写各类技能证书、发表文章、专利奖项，如果没有则填"无"。

（四）特长爱好

此部分建议最多写 4 项，不可过多。

（五）教育经历

尽可能从小学开始填写，如果空格不够，则从毕业的中职院校起往回推，直到空格满为止。

（六）自我鉴定

自我鉴定的内容应是中职生个人对自己三年间在思想、学习、工作、生活等方面的表现做一个综合的自我评价，字数应在 800 字即可，要求书写工整、内容完整。本人签名处一定要手写。

（七）本人求职意见

可填写电子版后打印，也可打印推荐表后根据应聘岗位来填写。

（八）院系推荐意见

此部分由院系领导或老师结合中职生的实际情况，从德智体美等方面进行填写，一定要在最后写上"同意推荐就业"字样。

（九）学校意见

此处可以不用填写，学校招生办盖章即可。

【知识链接】

毕业生就业推荐表样例

基本情况	姓名		性别		民族		照片
	出生年月		政治面貌		健康状况		
	生源地				邮政编码		
	家庭地址				家庭电话		
教育情况	所在院系				入学年月		
	专业		学历		学位		
	学号		培养方式		毕业年月		
教育方式	联系地址				邮政编码		
	E-mail地址				联系电话		
教育经历	起止时间	所在学校				担任职务	
综合技能	外语水平						
	计算机水平						
	其他技能						
社会实践	起止时间	工作或实践单位				岗位或工作内容	
其他情况	[获得奖励或完成科研情况]						
学校推荐意见	院（系）推荐意见： （公章） 年 月 日				学校推荐意见： 以上表格内容填写情况属实，特此证明。 （公章） 年 月 日		
					学校就业部联系人	电话	

六、荣誉证书

荣誉证书包括中职生在校内获得的各种荣誉证书，如三好学生、优秀学生会干部、社会实践积极分子，以及参加各种活动的获奖证书；也包括校外颁发的荣誉证书，如市劳动积极代表。

七、技术职称证书

技术职称证书是从事某一工作的能力判断指标，是人事部门的一种技术称号，由政府人事部门管理和颁发，是专业技术水平的标志。技能证书是通过技能测试合格后颁发，即上岗证，侧重手动能力。技术职称证书适用于在企事业单位的中、高层技术部门从事技术或管理的工作人员，分技术员、助理工程师、工程师、高级工程师共四个等级。对于一些严格的职业，专业技术职称是认知的条件，如医师没有技术职称就不能从医，护士没有护士技术职称也不能从事护理工作。

八、职业资格证书

职业资格证书是对从事某一职业活动所必备的技术、知识和技能的评定，是技能人员和专业技术人员职业能力和水平的证明。职业资格证书制度是一种目前在国际上比较通行的对专业技术技能人士的资格认证制度。职业资格证书广泛适用于企业单位的基层、中层部门从事技术或操作管理的工作人员，分初级、中级、高级、技师、高级技师共五个等级。

九、成果材料证明

成果材料证明一般是指获得的发明专利证书、正在申请的专利材料、在报刊或期刊上发表的论文、文章及书籍。

十、学历证明

学历证明很重要。学历是证明一个人所受教育的合格程度，也是一个人从事工作的能力证明之一。毕业生应把学历证书保存好，不可丢失。

十一、其他材料证明

其他材料证明包括驾驶证、外语水平证书、计算机证书、普通话水平证书等，这些证书能够帮助中职生提高就业概率。

案例解析

● 小谭和小苗在就业过程中，求职材料准备的不同说明了什么问题？

小谭在制作简历的过程中缺乏对简历内容的重视。对于一个中职生的简历而言，具备相应的职业技能和实习经历是非常重要的，这些内容能让用人单位了解求职者的能力水平。另外，毕业生的自我推荐信和其他证书的证明是增加求职成功的砝码，这些在小谭的简历中均没有涉及，从而让她错过了多次的面试机会。

小苗对材料的准备则和小谭相反。他非常注重简历的形式和内容，还专门到网上查资料、了解简历的制作过程。他的简历内容对实习经历、教育经历、奖项证明、相关证书、个性特征、自我评价等都有详细的说明，这让用人单位一目了然。因此，小苗很顺利地得到了心仪的工作。

● 求职材料包括哪些？应如何准备？

全面的求职材料应包含封面、求职信（自荐信、推荐信）、个人中（英）文简历、就业推荐表、学习成绩单、各种证书、其他能力证明、其他材料等。

材料的准备过程参考本章节内容。

【讨论与思考】

1. 就业的职业素养有哪些？

2. 就业信息的搜集渠道有哪几种？

3. 就业信息应该如何处理？

4. 就业材料准备包括哪些？

5. 就业简历制作基本结构有哪些？

第四章 就业方法与技巧

【学习要点】

1. 了解自荐的内容与方法。
2. 掌握笔试测试类型、形式。
3. 掌握笔试准备和技巧。
4. 掌握面试的方法与技巧。

第一节 自 荐

案例

小石是某中等职业技术学校的一名文秘与办公自动化专业的应届毕业生，即将毕业的他在学校的双选会中面试了几家公司，但是没有得到任何回信。后来他又到人才市场面试了几家公司，也杳无音讯。后来，经过朋友的介绍，他了解到有一家公司在招现场执行专员，小石想去试试。好不容易有人介绍了就业的机会，小石心想一定要抓住机会。他先在网上查询了公司的信息和电话，然后打电话给公司简单地介绍了自己，希望公司给他一个面试的机会，公司最后让他第二天就去面试。

小石为了第二天的面试，精心准备了简历和求职信，还有其他求职材料，并根据职位的要求分类整理好相应的资料。第二天面试，面试官看了材料，对没有工作经验的小石没有多大兴趣，并表示现场执行专员这个岗位需要整天和别人打交道，但他经验不足，容易影响工作进程。但是小石想为自己争取机会。他诚恳地告知对方："虽然我没有现场活动执行的经验，但我在学校里是社团团长，管理社团2年，在求学期间也兼职过一些大型的商品促销工作，对现场活动执行虽然没有完全清楚，但也不是一无所知，我吃苦耐劳、有责任心，请相信我能够胜任这份工作。"面试官听完小石的话，又翻了翻他的资料，似乎在考虑什么，小石见此情景又说道："我的学历虽然低了一些，但是我可以为公司干事情，很多实践能力强的人并不一定有高学历，高学历的人也未必能吃苦。"

最后，面试官被小石打动，并表示很欣赏他能为自己争取就业机会的精神，让小石第二天就办理入职手续。

【思考】
1. 案例中的小石是如何得到工作的？
2. 在实际求职中，如果自己推荐自己就业，应怎么准备？

自荐是自我推荐。毕业生向用人单位进行自我推荐，让用人单位了解自己、认识自己，进而获得面试的机会。要想成功地进行自我推荐，就应准备好自荐资料，想方设法地通过多种方式来展示自己、宣传自己、推销自己。

一、自荐材料的内容

自荐材料的内容包含求职信、简历、学校盖章的推荐表、成绩单、老师推荐信、荣誉证书、职业证书、技能证书、其他证书等，即第三章所讲的就业材料的相关资料。

自荐材料准备好以后，一定要分类整理，按照材料的价值评分、分清主次进行排编，放在最前面的应是简历或求职信，接着是推荐信、推荐表、职业证书、技能证书、其他证书、成绩单等。

二、自荐材料的编写要领

自荐应以事实作为基础。自荐材料的形式和内容表现了求职者的个性特征，是一项有创造性的工作。因此，编写自荐材料应该抓住以下几个要点。

（一）目的性

自荐的目的是为了就业，凡是有利于就业的各种求职材料、各种组织编写方法均可以加入到自荐材料的制作过程中。

(二) 针对性

编写自荐材料时,应根据应聘的行业、职业和单位的特点进行合理的组织、安排和撰写。要做到有针对性,就必须做到知己知彼,根据不同的情况进行组织编写,做到"投其所好"。

(三) 客观实用

自荐要基于现实,不可过于理想化,要实事求是,摆正位置。自荐材料的编写是为了就业,不可用太过于华丽的辞藻修饰,也不可作假,因为自荐是求职者寻找工作的"宝石",如果企业发现"宝石"有假,那么求职者便会失去就业的机会。

三、自荐的种类

(一) 当面自荐

当面自荐是求职者亲临用人单位或是在人才招聘现场进行自我推荐的一种方式。其优点在于求职者能直接展示自己的才华与风度,直接给用人单位留下深刻的印象,但是这并不适用于距离远的单位。

适用的单位类型:教育、旅游、外贸、新闻、制造等。

(二) 电话自荐

电话自荐是求职者通过电话的方式向用人单位介绍自己,以获取面试机会的一种自我推荐方式。但是电话自荐仍需要当面交谈作为补充。

求职者在电话自荐前,一定要做好准备,结合用人单位的情况和自己的特点,做一个全面的准备。打电话的时间也不宜过长,注意对对方的称呼和礼貌用语,语速也不能过快,音量不能过小或过大。

(三) 书面自荐

书面自荐是求职者通过投递求职信、自荐材料的形式向用人单位推销自己的一种方式。书面自荐包括当面呈递和邮寄两种方式。书面自荐的优点是不受时空限制,覆盖面广,简易便捷,这种方法适用于成绩优秀、文笔好、书法漂亮的学生,但是在竞争激烈的条件下,不容易引起用人单位的注意,反馈率比较低。适合的单位类型：科研、出版、金融单位和工矿企业等。

（四）网络自荐

网络自荐是一种新的推荐应聘方式，覆盖面广。毕业生可以通过用人单位的网站进行自我推荐，也可以通过专门的求职网站，把自己的信息公开授权，推荐自己，让猎头找到自己而达到就业的目的。

（五）电视自荐

电视自荐是指求职者通过在电视上展示自己的才华与形象，推荐自己的方式。求职者良好的形象和才能表现会让单位了解自己，容易得到就业机会。

（六）学校自荐

学校自荐是指毕业生所在学校向用人单位推荐，并组织双方见面，即组织见面会或校园宣讲会。其优点是用人单位能够快速地招聘到合适的人才。

（七）他人推荐

他人推荐是指通过父母、亲戚、老师、同学、朋友的推荐而达到就业目的的一种推荐方式。通过他人推荐，用人单位对求职者的印象比较深刻，求职者也容易得到录用。

四、自荐的技巧

（一）积极主动

自荐是求职者积极主动的行为，积极主动地介绍自己和提交自荐材料，能够让自己抓住就业机会。自荐不是被动消极地等待用人单位索要材料，也不是没有收到对方音讯就继续等待，而是主动向对方介绍情况并主动咨询情况，这样才能给用人单位以态度积极、求职心切、胸有成竹的印象。

（二）文明有礼

文明有礼是一种品质，自荐是一种从内而外表现自己的方式，介绍自己时应该真诚，不虚情假意。如果对方问到自己不懂的问题也应礼貌地表明情况，不应夸夸其谈。无论在面试前、面试中、面试后，请记得微笑和感谢，也请记得听从安排，文明有序。

（三）重点突出

无论是当面介绍自己，还是通过自荐信推荐自己，都应当突出自己的能力和知识，如实习经历、奖项情况，自己的闪光点等，其他的内容可以简单介绍。

（四）诚心诚意

求职者在自荐过程中一定要实事求是，不能弄虚作假，或是夸大成分。自荐只是一部分，用人单位还会在实际工作中对求职者进行考核，如果用人单位实际考核的结果与自荐材料不符合，求职者可能会承担法律风险。自荐的材料应全面，不能丢三落四。

（五）有的放矢

针对不同的职位，求职者应从不同的侧重点介绍自己的社会经验、能力和特长。

（六）知难而退

自荐过程中，如果感觉自己并不是对方想要的人才，没有被对方接受，那么应知难而退，另找门路。

（七）时间管理

自荐时间不宜过长，一般在 10～15 分钟已经足够，求职者必须在有限的时间里最大限度地推销自己。

（八）情绪稳定

自荐时，应注意控制自己的情绪，避免紧张、亢奋的心情。有的毕业生可能由于紧张，说话过快，或是吞吞吐吐。在自荐前可以在镜子面前多练习，必要的时候，可以用手机或是录音笔录下来，不断完善自己的表现。

（九）灵活问答

针对不同的单位和职位，介绍自己侧重点不同，提问问题和回答的问题方式和内容也不同。

（十）仪体得当

自我推荐的时候，要先从外观衣着上包装自己，仪容、行为要给人端庄、正式、得体的印象。一个人的外在形象是一个人工作态度的象征，也是对工作的重视表现。

案例解析

● 案例中的小石是如何得到工作的？

案例中的小石通过自荐的方式得到了心仪的工作。小石在朋友的介绍下，先主动给用人单位打电话介绍自己，表明诚意，给用人单位留下了一个好印象。在第二天面试前，先准备好简历、求职信、相关证书等。在面试当天，着装得体。但由于小石没有相应的工作经历，开始时被用人单位拒绝，但是他勇于自荐自己，把自己的优点和吃苦耐劳的精神表现出来，真诚地打动了用人单位，最后被录取了。

● 在实际求职中，如果自己推荐自己就业，应怎么准备？

如果自荐自己就业，首先要准备好相应的就业材料，如求职信、简历、学校盖章的毕业生就业推荐表、成绩单、老师推荐信、荣誉证书、职业证书、技能证书、其他证书。每一种材料的准备都需要精心设计。

自荐的方式多种多样，无论是通过面对面、电话、网络还是书面，或其他的自荐方式，求职者一定要注意语气用词和内容重点，注意自荐时间和自己的行为表现。

第二节　笔　试

小罗是某中等职业技术学校的应届毕业生，平时爱玩，成绩很差，表现也不好。毕业在即，小罗发现班上成绩好的同学都找到了理想的工作单位，自己却屡试失败。于是他对自己的求职材料做了大改动，把不及格的成绩改成了优秀，并伪造了英语三级证书，以及校级三好学生的身份。华丽的伪装资料让用人单位心动，邀约他面试，但在面试的过程中，小罗在回答相关问题时支支吾吾，显得很紧张。用人单位决定让小罗进行笔试，看看成绩如何，笔试从专业知识、技能考核等方面进行。用人单位发现小罗的笔试成绩和简历上的成绩相差甚远，而且技能操作也漏洞百出，用人单位一再追问，发现小罗造假。因此，用人单位把小罗拉进了单位的黑名单，永不录用。

【思考】
1. 小罗的事情说明了什么问题？
2. 求职者应如何准备笔试？

笔试是一种常见的考核方式，它是用人单位采取书面形式对求职者所掌握的基本知识、专业知识、文化素质和心理健康等综合素质进行的考查和评估手段，主要考查求职者的阅读理解能力、发现问题能力、分析问题能力、解决问题的思维能力。笔试对求职者的知识面具有一定的要求，同时笔试相对比较客观，所以对应聘者来说比较公平。笔试一般安排在面试前面，是一种比较初级的筛选方式。

用人单位是根据笔试内容，筛选出具有专业知识、符合单位文化、具有招聘单位所希望的思维方式和个人能力的应聘者。

一、笔试的考查范围

（一）专业知识与技能测试

这种考试主要是检验应聘者担任某一职务时是否能达到所要求的专业知识水平和相关的实际能力。各个专业测试的内容均不同，如外资企业考英语，科研机构考动手能力。

（二）心理测试

心理测试一般采用标准量化的问卷对求职者进行测试，根据完成的问卷得分情况来判断心理水平或是个性差异的方法。通过心理测试，用人单位大致了解求职者的兴趣、智力水平、个性、气质、能力倾向等基本心理素质，以确定应聘者是否符合岗位的需求。

在求职中常采用的心理测试有：霍兰德职业测试、MBTI职业人格测试、九型人格测试、明尼苏达多相人格测试、艾森克人格测试、罗夏墨迹投射测试。

（三）智力测试

智力测试是对智力的科学测试，它主要测验求职者的分析观察能力、思维反映能力、想象力、记忆能力等。智力测试主要为一些著名的跨国公司和国内的大型企业所采用,他们对毕业生所学专业一般没有特殊要求,但对毕业生的素质要求较高。通过智力测试主要是看求职者的知识学习能力。

常见的智力测试有:韦氏智力测试、斯坦福—比奈智力测试。

(四)综合能力测试

综合能力测试主要考察求职者的文字理解能力、语言表达能力、分析问题和解决问题的能力、逻辑思维能力等。综合能力测试的要求比较高,要求求职者在规定的时间内完成一定量的测试,如几组数据分析,方案设计。综合能力测试涉及的方面比较广泛,包括专业知识、心理学知识、外语知识,还有其他人文地理,或是生活常识,实践动手能力,相对来说难度更大一些。

常见的综合能力测试有:公务员考试、SHL测试(商务人员常用测试)。

(五)英语测试

英语测试主要考察求职者的英语水平能力,如阅读能力、口语能力、写作能力、翻译能力,不同的岗位和单位侧重英语的方面不同,有的只侧重一方面,有的需要测试几方面。英语测试不仅仅在英语相关职位中进行,其他对英语要求比较高的职位也会进行英语测试。

(六)案例分析及写作测试

这种测试通常会给求职者一段文字或是数字,要求在规定的时间内写好一份会议通知、请示报告、文案策划、工作总结,让求职者发表评论,或让求职者想象在实际工作情境中对某种问题和现象进行分析,发表评论,提出解决方案。这是考察求职者实际解决问题能力的综合性考察,对求职者的能力要求较高。

二、笔试的主要类型

(一)技术性笔试

这类笔试主要针对研发型和技术类职位的应聘,对求职者掌握专业知识的要求比较高,题目主要涉及工作中需要的技术性问题,专业性比较强。要成功应对这类的考试,需要坚实的专业基础。中职毕业生的专业笔试主要考察基础知识、基本技能。

大单位和小单位对技术性笔试的侧重点不同，一般小单位注重实用性，考得比较细。大单位则强调基础和潜力，考试的内容比较广泛，多数是智力测试、心理测试，公务员综合笔试等。

（二）非技术性笔试

这类笔试比较常见，对应试者的专业背景的要求也相对宽松。非技术性笔试的考察内容相当广泛，常见的包括英文阅读和写作能力、逻辑思维能力、数理分析能力，除此之外，还会涉及时事政治、生活常识、情景演绎，甚至智商测试等。

三、笔试题型的主要分类

常见的笔试题型包括个人状况类题型、情境类题型、智力类题型、逻辑推理类题型、写作能力类题型、图形与数字推理类题型、案例分析类题型、言语理解和表达能力类题型等。

（一）个人状况类题型

这类题型几乎在每一个招聘中都会出现，主要围绕个人的理想、生活经历、志趣进行提问，试图了解求职者的逻辑思维，职场看法，人际关系看法等。如"你的亲朋好友如何用3个词描述你，依据是什么？"或"你的职业理想中，谁对你的影响最大，为什么？"。

（二）情境类题型

这类题型主要围绕和工作内容有关的情境，让求职者做出分析、判断和处理，求职者在面对这类题型时，一定要抓住情境中的主要矛盾，把问题与自己应聘的工作联系起来。如"一名老年病人在住院期间自行出走未归，其子女言辞激烈，冲着身为护士长的你要人，这个时候你该怎么办？"。

（三）智力类题型

智力类题型可能是一整套完整的标准化智力测试题，也可能是其他如趣味数学、脑筋急转弯等趣味问题。标准化智力测试有固定分数标准，但是一些趣味智力题没有固定答案，关键在于回答时的思路体现。如"为什么矿泉水的盖子是圆的？"或"如何把一根绳子分成 7 段，但是绳子只允许弄断 2 次？"。

（四）逻辑推理类题型

这类题型和标准化智力题型有相似之处，不同之处在于这类题型主要是根据题目暗含的规律进行分析、判断、归类或计算，逻辑推理类题型对速度要求较高。

（五）写作能力类题型

这类题型在公务员考试中必定会出现，在毕业生求职中出现的概率较低，写作能力类题型可能要求求职者写文案、报告、会议通知，也可能要求求职者根据题目材料回答问题。

（六）图形与数字推理类题型

这类题型和逻辑推理类题型有相似之处，这类题型以图形或数字的形式显现给答题者，要求答题者根据规律进行分析、判断，并做出正确选择。

（七）案例分析类题型

这类题型主要是给出案例，让求职者结合案例，运用专业知识来解答。

（八）言语理解和表达能力类题型

这类题型主要考察求职者对语言文字的综合运用能力，理解与表达并重，主要包括词语替换、选词填空、语句表达和阅读理解四种类型试题。

四、笔试形式

笔试考查的知识不会杂乱无章，而是根据某种类型进行编排，要求求职者通过记忆、回忆相关知识，并进行答题。常见的笔试形式有：填空题、简答题、匹配题、是非题、单多项选择题、材料题、小论文题等。

五、笔试前的准备

（一）了解笔试重点，掌握笔试方法

（1）笔试不可能面面俱到，笔试的内容是有限的，笔试考的是重点知识，不要把复习重点放在难题、怪题上，要把基础知识掌握好，在实际运用上下功

夫。毕业生在准备笔试内容时，一定要认真复习重点知识。

（2）求职者拿到笔试卷子后，遇到不懂的题目，要适时放弃。求职笔试有时题量比较大，用人单位一方面考察求职者知识掌握程度，一方面考察应试能力。所以求职者浏览卷面后，要迅速答较容易的题目，余下的时间再认真推敲其他题目。

（3）答题时要掌握好主次之分。求职者在统览全卷的基础上，要在重点题目上下功夫，认真答写，不要在自己准备充分的题目花太多时间，占据了其他题目的回答时间。

（二）明确用人单位的笔试要求

求职者一定要提前知道用人单位的笔试有什么要求，需要带什么工具，不可带什么，一定要了解清楚，这是对笔试的重视。

（三）调整好个人状态

如果大脑休息不好，容易在考试时处于紧绷的状态，大脑进行思考时会比较吃力，影响笔试成绩。所以给大脑充分的休息，在考试时反应才比较快速灵敏。

六、笔试的技巧

（一）保持良好的心态

良好的心理状态对笔试很重要，适当地运用心理调节方法放松自己。

（二）科学答卷

笔试一般分为机考和书面考试，其中书面考试偏多。在进行笔试答卷时，一定要注意笔试的目的和试卷的整洁性，整体来说，科学答卷的方法包含以下几种。

1. 依据笔试目的进行综合做题

求职者在笔试时，应了解用人单位笔试的目的。看到笔试题目时，求职者把握好招聘目的的大致方向，并结合自己的综合知识作答。

2. 通读试卷

通读试卷，了解题量及难易程度，以便掌握答题的速度，然后根据先易后难的原则排出答题的顺序，先攻简单的题，后攻难题，这样就不会因为攻难题而浪费太多时间，而没有时间做简单的题。

3. 审清题意

求职笔试考查的知识面比较广，灵活性比较大，有的题目不会出现在所学的书本中，而是来源与生活，甚至跨学科，可能古怪，也可能非常专业严谨，在答题之前，必须搞清楚题目的类型、要考查的知识点和考查的目的。

4. 逻辑清晰

在进行主观题目作答时，提出自己的论点时一定要有足够的论据作为支撑，无论是谈论点还是摆论据，都需要按照重要性由高到低的顺序进行展开，条理和层次要清楚，具体内容不要展开太多，用人单位看的主要是思路。

5. 不留空白

在求职笔试中，求职者可能会遇到自己不会的答题，无论是什么情况，可以依据经验判断和直觉作答，卷面应该尽量填满。如果有空白题目，会让用人单位觉得求职者知识有所欠缺或态度不够认真。

6. 认真检查

答完试卷后要进行一次全面的检查，特别注意不要漏题、跑题，要纠正错别字和语法不妥之处。如果某个问题难以确定对与错，最好的方法是保留原有答案，不要改动，因为人的第一感觉往往更可靠。

7. 注意卷面整洁

整洁的卷面给人以清新的感觉。事实上，笔试中很大一部分是开放性问题，我们能用整洁的卷面来赢取印象分。

七、笔试的注意事项

（一）遵守规则

（1）求职考试时，一定要注意听从监考人员的安排，监考人员让座哪里就应当听从，不能抢座位，如果因为特殊情况要调位置，应当礼貌告知监考人员，如被拒绝也应当理解工作性质需要。

（2）听从监考人员对试卷的说明，未到时间不要答题。

（3）未经允许不要带任何通信设备与其他考试工具，如有，手机应关机上缴到指定位置。

（4）不可徇私舞弊，或出现其他干扰他人考试的行为，如偷看别人试卷、自言自语。

（二）时间管理

笔试时应先做擅长的题目，保证答对率和正确率，如果提前答完卷，规定不能提前离开考场则应认真检查，或安静等待考试结束，如果可以提前离开考场，那么离开时应保持安静。

（三）考中心理调节

考试中如果遇到不会做的题目应该略过，先做会做的题目，如果看到别人提早交卷，应注意调节心理，不紧张、不慌张。

> ● 小罗的事情说明了什么问题。
>
> 小罗平时不努力学习，就职之际伪造成绩吸引用人单位的做法属于作弊造假行为。用人单位对求职者的能力要进行考察，从对口语提问和笔试就能知晓求职者的个人能力如何，提供的求职信息是否属实。小罗的造假事件也从另一个层面给广大的毕业生一个提醒：平时应努力学习，考取相应的职业技术证书，面试时不能自夸自己能力，应有一个谦虚学习的态度。
>
> ● 求职者应如何准备笔试？
>
> 求职者在笔试时应了解笔试的类型、题型、形式，了解笔试的重点，根据侧重点进行复习，明确笔试要求并带好相关物件。在考试过程中如果有遇到不懂的题目，不要过于执着，应继续答题。

第三节 面 试

案例

小邓就读于河北某中等职业技术学校，毕业之际，他在找工作时遇到了瓶颈。他想不明白，为什么自己在求职过程中如此不顺利。小邓请教了他的室友，室友看了他准备的材料，并问了他面试的过程细节。原来小邓在面试时穿着过于休闲，面试中回答问题又过于啰唆。小邓让室友帮忙，让他针对自己的就业问题提出建议，室友帮助小邓从面试穿着、面试材料准备、面试问题预测等提出建议，两人还进行了两次模拟面试，室友从各方面给予了他帮助。

终于，小邓接到了一个面试邀请。于是他为自己挑选了一套西装和一双皮鞋，把胡子和头发都修理了一番，以一个成熟稳重的形象迎接面试，最终，用人单位给予了小邓被录用的机会。

【思考】
1. 如何从小邓的面试准备中看待面试的重要性？
2. 如何准备面试？

面试是用人单位通过与求职者面对面的交谈，从求职者的仪表修养、口语表达能力、接人待物方式、工作态度、兴趣爱好、专业水平等进行考核和评估，从而决定求职者是否能够被录用的方式。面试主要以谈话和交流为主，内容灵活多样，是一个双向沟通的过程。面试是所有求职中必不可少的环节。

一、面试的方式

面试分为个体面试和群体面试。

（一）个体面试

（1）一对一面试。在面试过程中，求职者只面对一个面试官。如果一个面试官面完之后走出办公室，另一个面试官进来继续面试，也属于一对一面试，因为在场的只有一个求职者和一个面试官。

（2）多对一面试。两个及以上的面试官同时对一个求职者进行的面试。

（二）群体面试

群体面试是指有两个及以上的求职者同时在一个办公室进行的面试。面试官可能是一个，也可能是两个，或者多个。

二、面试的种类

（一）结构化面试

结构化面试是指用人单位根据特定职位的胜任特征要求，遵循固定的程序，采用专门的题库、评价标准和评价方法，通过面试官小组与求职者面对面的言语交流等方式，评价求职者是否符合招聘岗位要求的人才测评方法。结构化面试包括三个方面：

1. 面试过程的结构化

在面试的起始阶段、核心阶段、收尾阶段，面试官要做些什么、注意些什么、要达到什么目的，面试前用人单位都会进行相应的策划。

2. 面试试题的结构化

在面试过程中，面试官要考察求职者哪些素质？主要提哪些问题？在什么时候提出？怎样提？面试前都会做好相应的准备。

3. 面试结果评判的结构化

从哪些角度评判应试者的面试表现？等级如何区分？如何打分？面试前都会有相应规定，并在面试官之间形成统一标准。

面试官根据求职者回答的速度和内容对其做出等级评价的面试，在整个过程中可以获取求职者所具备的职业能力和素养，通过这些信息来判断求职者是否能够胜任招聘岗位，是一种比较规范的面试形式。

结构化面试的一般流程：结构化面试一般由 5~9 名面试官组成，其中会设一名主考官，负责向求职者提问并把握面试的总体进度。时间因面试题目的数量而不同，一般在 30~60 分钟不等，每个问题的问答时间基本为 5 分钟。

问题举例：

你最喜欢的电视节目是什么，为什么？

如果你负责的工作项目被同事抄袭了，你会怎么办？

（二）半结构化面试

半结构化面试是介于非结构化面试和结构化面试之间的面试。它包括两种方式：一种是面试官提前准备重要问题，但不要求按照固定次序提问，且可讨论在面试过程中需进一步调查的问题；另一种是面试官依据事先规划的一系列问题来对求职者进行提问，根据不同的工作类型设计不同的问题。半结构化中，面试官有权根据求职者的回答内容和个人情况，再进行机动性和灵活性的提问。

问题举例：

你认为最困难的人际沟通问题是什么，为什么？

（三）非结构化面试

非结构化面试，又称随机面试。这种面试是指采用随意的面试方式对求职者进行提问，考查求职者的反应能力和知识结构的面试。面试官在非结构化面试中的主观性很强，结果无法量化，且面试结果可能受面试官个人喜好的影响。非结构化面试包括案例分析、情景模拟、脑筋急转弯、无/有领导小组讨论。

问题举例：

面试官：你喜欢哪种运动？

求职者：篮球。

面试官：你比较喜欢哪个篮球明星？

求职者：埃尔文·约翰逊。

面试官：哦，他和乔丹有什么区别？

（四）问题式面试

问题式面试是指面试官提前根据职位能力要求拟订问题，然后对求职者进行发问，请予回答的面试。目的是考查求职者的知识和技能，观察求职者在特殊环境中的表现，从而判断求职者是否符合岗位要求。问题式面试有别于结构化面试，问题式面试的流程和评分标准可能和结构化面试一样，也有可能根据面试官的个人主观判断得出，答案并不一定统一。

（五）压力式面试

压力式面试一般用于高节奏、高压力的职位面试中，是面试类型之一，指面试官有意地制造紧张的气氛，以了解求职者如何面对工作压力。在压力式面试过程中，面试官一定会对面试者以某一个问题展开一连串的提问，不仅详细，而且追根溯源、打破砂锅问到底，让求职者无法回答，甚至有意识地刺激求职者，考验求职者在压力面前的应变能力、对压力的心理承受能力和自我控制力。

问题举例：

你在学校的成绩为什么不是第一？

你貌似不符合我们岗位的要求，你有什么要说的吗？

（六）情景式面试

情景式面试是结构化面试的一种，面试官给求职者创造一个工作的实际情景，要求求职者假设自己是一名员工，在情景中去处理工作事务和问题，通过求职者的言语和行为表现，判定其是否具有相关的实际能力。情景式面试关心的是求职者在特定情景中的行为反应，模拟情景中的问题通常是岗位工作中的实际问题，具有较强的针对性与开放性。情景式面试的主要形式有：公文处理、与人电话交流、接待客户、拜访、无领导小组讨论、即席发言。

问题举例：

假设你是一名电梯维修人员，公司要组织员工进行技能培训。你怎么组织？重点应注意什么？

（七）电话面试

电话面试是用人单位通过电话，判断求职者的表现是否与简历相吻合，了解求职者的表达能力、应变能力，并确定其是否满足岗位人才需求。电话面试有时会在笔试、面试之前进行，有时也会在笔试、面试之后进行。在电话面试时，求职者可以准备纸和笔以便做一些必要的记录，面试官在电话中提问的问题可能是结构化专业问题，也可能是压力式问题、情景式问题，回答问题时注意陈述要清晰，语速要适中，结尾一定要致谢对方。

（八）综合面试

综合面试是面试官采用多种面试方法来考查求职者能力的一种面试，比如面试过程中穿插中英文交流，要求求职者进行试讲，或要求展示操作技能，或要求进行工作报告写作。

三、面试的准备

求职者接收到用人单位的面试邀约，应在面试前有所准备，这样才有助于面试的良好发挥。

（一）了解用人单位信息

求职者对用人单位的了解可以从用人单位网站、宣传资料、亲朋好友等渠道获取。求职者对用人单位的了解内容主要包括以下几点：

（1）用人单位的性质、规模、特色、组织机构、金融状况、发展前景、企业信誉等状况。

（2）用人单位对员工的要求、职责以及给予员工的报酬、培训等情况。

（3）用人单位招聘职位的性质、工作内容、所需知识和技能等。

（二）材料准备

面试时尽可能不要空手而去，应准备一些材料，如个人简历、学校盖章的毕业生就业推荐表、自荐信、成绩单、职业证书、技能证书、个人作品等。

（三）面试训练准备

（1）面试问题准备。求职者在面试之前，试想面试官可能会问哪些问题，如自我介绍、单位了解、能力要求、岗位问题等。

（2）礼仪准备。求职者在面试之前，一定要准备好相应的服装，以及适当的面试妆容。

（3）模拟准备。求职者为了确保在面试过程中不过于紧张，最好在面试前进行模拟面试。

（四）面试心理准备

面试一方面是测试求职者的综合能力，另一方面测试求职者的心理素质。因此，求职者在面试前应对自己的心理状态做好调整。

（1）要充满信心，保持良好的状态。

（2）要遵守约定时间，准时赴约，不可迟到。

（3）提前做好最坏的打算，保持乐观心态。

四、面试的技巧

（一）面试的基本礼仪

1. 得体的面试着装与仪容

面试官对求职者的第一印象是从穿着仪容开始的。在面试的前 30 秒，求职者的穿着仪容会给面试官留下深刻的第一印象。因此，求职者必须保持良好的着装仪容。

（1）发型。不染五颜六色的头发，男生不留长头发，发型不要奇形怪状。男女生最好面试前洗头发，以免头发过油或是头皮屑过多给人以邋遢的形象。

（2）妆容。女生适当淡妆，男生可以不化妆，但是一定要把胡子刮干净，并将脸洗干净。

（3）穿衣。不要过于休闲，穿职业套装最保险，或是根据行业要求进行打扮，不可穿露脐装、吊带裙、超短裙、超短裤。女生如果穿裙子，要选择配套的丝袜，肤色和黑色均可，切记不可选择五颜六色的丝袜。

（4）鞋子。男生最好穿皮鞋，女生可以穿高跟鞋，切记不能穿拖鞋。

（5）包包。公文包比较保险，只要和衣服搭配即可。

2. 遵守时间

和用人单位约定好时间后，一定要提前5～10分钟到达面试地点，提前到达可以给自己留点时间调整好状态和着装，以免慌张，或因迟到给用人单位留下不守时的坏印象。

3. 面试场合淡定从容

（1）进入面试房间，应先敲门，得到允许后再进去，如果面试官让你等一等再进入房间，这时应耐心等待。

（2）见面试官主动打招呼、问好致意，称呼应当得体。如果对方没有请你坐下时切勿急于落座。面试官请你坐下时，应道声"谢谢"再落座。

4. 回应反馈

面试官在介绍单位情况、工作内容、福利待遇、发展方向时，要认真聆听，并在适当的时候点头或提问，以反馈你在认真地听对方讲话。

5. 面试问题逐一回答

面试官在提问题时，应一一回答，回答的声音要适当，口齿要清晰，回答简练并完整。如果面试官提问完毕，听不清时可以要求重复，如果不懂时，要如实告知对方。

6. 面试过程热情、大方、文雅

整个面试过程应谈吐谦虚谨慎，态度积极热情。面试过程应注视对方眼睛，不可东看西看，显得漫不经心，手和脚不能漫无目的或手舞足蹈，应放置在自己身上。整个过程不可自信心不足而显得垂头丧气，也不可因某个问题与面试官意见不合而起冲突,可以在面试过程中保留自己的观点。

7. 眼睛温和有礼

在面试时,求职者的眼睛应注视面试官的眼睛,以表示对面试官的尊重。技巧是盯住面试官的鼻梁处,每次15秒,然后再自然地转向其他地方,然后隔30秒,再转向面试官的眼睛。

(二)面试语言的运用技巧

(1)口齿清晰,语言流利,发音准确,吐字清晰,并注意控制说话的速度。

(2)语气平和,语调恰当,音量适中。两人面谈且距离较近时声音不宜过大,群体面试且场地开阔时声音不宜过小,音量的大小应根据面试的现场情况而定。

(3)语言要含蓄、机智、幽默,切记有口头禅,更不能有不文明的语言。

(4)交谈中,应随时注意听者的反应。

(三)面试手势的运用技巧

人们在交谈中,可能会用手势来增加表达的意愿。在运用手势表达时,要关注手势的变化。

(四)面试的应答技巧

(1)掌握重点,简洁明了,条理清楚,有理有据。

(2)语言适度幽默。交谈过程中可以用一些比喻的方式来增加语言的幽默感,这样能使气氛变得轻松愉快。幽默的语言从一定程度上可显示自己的知识与智慧。但是应该注意,语言幽默不是没有分寸的,不是所有的问题都可以用幽默的方式来回答的。

(3)讲清原委,避免抽象。在面试过程中,针对面试官提出的一些具体问题,回答时一定要具体。如面试官问:"你的计算机水平怎么样?"应回答:"已取得国家计算机二级证书、C++语言证书。"

(4)确认提问内容,切记答非所问。面试时如果听不清面试官的问题,可以让对方重说一遍,切记不能因为听不清而胡乱做答,或怕丢了面子而回答得不着边际。

(5)知之为知之,不知为不知。面试中遇到自己不知道的问题并不是一件丢人的事情，遇到自己棘手难以解决的问题是常事，求职者不应回避，而是如实地告知对方自己的不足之处，并向对方请教。

（6）突出个人主见。对于同一岗位，面试官可能会面试很多求职者，如果应试者对于同一个问题的回答与其他应试者几乎一致，那么他便没有竞争优势。如果求职者的回答比较有个人主见，与其他人不同，往往容易给面试官留下深刻的印象。

（五）消除紧张

（1）面试前可翻阅轻松活泼的杂志或书籍，可以转移注意力，调整情绪，克服面试前的怯场心理。

（2）面试过程中注意控制对话节奏。面试过程中讲话的速度不应过快，过快容易使大脑来不及思考而产生口误和口吃，过慢容易让对方觉得气氛沉闷，缺乏信息。如果在面试过程中比较紧张，刚开始时可以有意识地放慢说话速度，等自己进入状态后再适当地加快语速。

（3）紧张时可转移目光至面试官的额头。有的求职者比较紧张，回答问题的时候不敢看面试官的眼睛，那可以将目光移至面试官的额头，这样会给人诚恳、自信的感觉，切记眼睛不可随意飘动，给人一种不诚实、缺乏自信的感觉。

（六）披挂上阵

披挂上阵是指求职者从外在形象得体到信息掌握和心理调节都已做好准备，能够随时上场应战。针对外在形象，着装仪容应大方得体；物品材料应准备齐全，如简历、推荐信、各种证书；信息掌握应大概全面，从公司信息到预测问题回答等，都应做好相应的准备；心理调节上应保持良好睡眠与B计划思想准备。

（七）面试退场

（1）适时告辞，礼貌再见。到了面试尾声的时候，面试官可能会表示今天的面试就到这里，下次再约时间；或是感谢求职者对这份工作的关注；或是通知求职者上班时间。这样的话语一般暗示着面试进入到尾声，那么求职者应该主动告辞，面试结束时应感谢对方的接待，致谢告辞，不可表现出急欲出去、浮躁不安的样子，或结束时只抛下一句"再见"就扬长而去。因为面试结束时的礼节也是面试官考核的内容之一。

（2）总结表现。如果被录取，做好工作前的知识准备和心理准备；如果待定与被刷，反思不足，充电自己，以备其他单位。

五、面试禁忌

（一）忌迟到缺席

迟到是不守时的表现，也是应试者对用人单位和工作不重视的表现，无论家庭住址距面试地点的距离有多远，请一定要提前 5～10 分钟到场。如果缺席，请提前告知用人单位原因，可再预约面试时间，不可不动声响就缺席。

（二）忌弄虚作假

弄虚作假的求职者无论学历多高，无论能力多强，用人单位都不喜欢，更不会录取，因为求职者与用人单位在信用上就已经出现了裂痕。

（三）忌言行随意

求职者在面试过程中，如果表现得很随意，不注意自己的言谈举止、没有分寸，给人的印象是不礼貌、没有规则，用人单位也不会录用。

（四）忌缺乏自信

没有自信的人不会做好最基础的本职工作。面试官一般会从求职者的言谈举止中看出其是否缺乏自信，缺乏自信的求职者一般说话唯唯诺诺、音量小。

（五）忌急问薪酬待遇

有的求职者在面试的开始就询问薪酬待遇。当面试官还没有完全了解完求职者的情况就被问到待遇问题，会让面试官感觉求职者以自己的利益为上，而对工作的性质则不关心。

（六）忌自高自大

自高自大是指求职者高估自己的能力。比如面试官会问道"你认为自己是否具备乘务员的服务能力"，求职者如果回答"我具备，这还不是简单吗，不就是端茶、倒水、扫垃圾，是个人都会做"，或是面试官问"你认为最失败的一件事是什么"，求职者回答"我没有最失败的事情，失败的原因不可能是我本身，而是其他外力"。这些类型的回答是一种自我认识不清的表现，用人单位往往也不会录用这样的求职者。

（七）忌不当的反问与争吵

面试中应当切忌不能与面试官争吵，即使是两人意见不合也应保持中立态度，不能对面试官进行不当的反问，如"你们觉得这么低的薪资待遇能招到人才吗"？

（八）忌急躁不安

面试中，求职者如果急躁不安，给人的感觉就是自我调节能力差，面试官会认为求职者不能够处理工作中遇到的问题，应变能力也比较差。急躁不安是一个人心理素质不强大的表现，用人单位也不喜欢这类型的求职者。

（九）忌逻辑混乱

逻辑混乱是指求职者不着边际地回答问题、答非所问，是一种条理不清晰的表现。一个人的逻辑是从事一项工作的基本硬件。如果逻辑混乱，就是思考问题的方向不对，往往会使问题变得更严重。

（十）忌匆忙告别

面试结束时的行为表现也是面试官考核的内容之一。无论结果怎么样，用人单位花费了时间和精力邀请求职者面试，应在离开的时候向对方表示感谢，然后从容地走出单位，而不是没有道别话语就匆忙离开。

六、面试常见问题及答题思路

（一）请您自我介绍一下

"请您自我介绍一下"这道题很多用人单位都会问。尤其对于应届毕业生，99%的用人单位都会要求进行自我介绍。

答题思路：

（1）最好事先以文字的形式写好自我介绍并背熟。

（2）介绍内容与个人简历相一致。

（3）表达方式尽量口语化，内容简洁明了，无关内容不谈，条理清晰，层次分明。

（4）最长2分钟，最好1分钟左右。

（二）请谈谈您的家庭情况

这类问题在应届毕业生中被问到的概率比较高。

答题思路：

（1）只需介绍父母，如父母职业，如果有亲戚和应聘行业有关也可介绍。

（2）注意强调温馨和睦的家庭气氛，父母对自己的教育重视。

（3）家庭成员的良好关系、对自己工作的支持。

（4）自己对家庭的责任感。

（三）请谈谈您的业余爱好

这类问题在许多国营企业、民营企业、合资企业和外资企业当中都会被问到，目的在于了解求职者的性格，是否具有团队精神。

答题思路：

（1）切忌不可说没有业余爱好，也不可说庸俗、甚至具有反社会性质的爱好。

（2）将爱好与读书、音乐与户外运动相结合，这样才能突出求职者的团结协作精神。

（四）请说一说您最崇拜的人

近年来一些用人单位比较喜欢问这个问题，主要是想考查求职者的内在品质。

答题思路：

（1）不宜说没有崇拜对象，或崇拜自己，或崇拜负面形象的人，或崇拜虚幻的人。

（2）所崇拜之人最好与自己应聘的工作有关联。

（3）说出所崇拜对象有哪些品质，他们是如何感染自己、鼓舞自己的。

（4）崇拜之人如果不与工作有关联，也应是社会中有正能量之人。

（五）您最喜欢的一句话是什么

面试官主要通过这类问题来判断求职者是否具有发展的前途。

答题思路：

（1）不好、负面的座右铭应排除。

（2）抽象、过长的座右铭也应不提。

（3）座右铭应能反映自己的某种优秀品质。

（六）您的缺点是什么

每一个人都有缺点，无缺点的人是不存在的。这类问题主要了解求职者是否对自身有一个全面的了解。

答题思路：

（1）不能说自己没缺点。

（2）不能把明显的优点说成缺点。

（3）不可说严重影响应聘工作的缺点。

（4）不可说令人不放心、不舒服的缺点。

（5）可说与应聘无关紧要的缺点。

（6）可说从表面看是缺点，但是从工作角度看却是优点的缺点。

（七）您为什么要投递我们公司的岗位

用人单位通过此类问题主要是想了解求职者的求职动机、愿望以及对工作的态度。

答题思路：

（1）不说待遇高低问题。

（2）可说公司发展前景、公司行业性质、公司人才观。

（八）假设您在我们公司就职，您应如何开展工作

这是一道陷阱题，如果求职者对应聘职位缺乏足够的了解，最好不要直接说出自己开展工作的办法，以免引起不良效果。

答题思路：

（1）先听取领导的指示和要求，对有关情况进行了解和熟悉。

（2）制订一份工作计划，报领导批准后可开展计划。

（九）您希望与什么样的上司共事

这是一道陷阱题，又是机会题。用人单位主要通过这道题来判断求职者对自我要求的意识。

答题思路：

应回避对上级的具体希望，多谈谈对自己的要求，如"作为一个刚毕业的学生，自己应该尽快熟悉并适应环境，发挥自己的专长，为单位做出贡献"。

（十）您是应届毕业生，没有相关经验，如何才能胜任这份工作

这道题主要考查求职者是否诚恳、机智、果断和敬业。

答题思路：

（1）诚实回答，如"作为初出茅庐的自己来说，在胜任工作方面确实有所欠缺，但自己在校期间利用各种机会锻炼自己，如参加社团，在某所公司做兼职，在某个企业实习"。

（2）真实的身体力行远比书本上的文字更重要。

（3）表达自己的责任心、适应能力、学习能力。

案例解析

● 如何从小邓的面试准备中看待面试的重要性？

求职者在面试时，用人单位不仅仅要看求职者准备的求职材料，还要从多方面对求职者进行考察。首先通过求职者的外在形象和仪容仪表产生第一印象，再通过双方交谈了解求职者的初始性格、能力水平、表达能力、逻辑思维等。

刚开始时，小邓准备了较为全面的求职材料，但是他忽略了面试过程中的着装仪容这一环节。后来，在室友的帮助下，小邓从面试时的形象、面试的提问问题出发进行模拟训练，最后在真正的面试中被用人单位录取。

● 如何准备面试？

求职者接到用人单位的面试邀请，不能什么都不准备就去面试，而要对面试提前进行准备。

面试前，首先要对用人单位的信息进行初步的了解，如地址、性质、历程、人员、岗位要求；接着准备相应的就业材料，简历一定不可少；然后初步思考面试过程中用人单位可能会提的问题，对可能要提到的问题进行模拟回答；同时还要对面试过程中的礼仪和心理调节进行相应的准备。

在面试的过程中，往往会涉及一些面试技巧和禁忌，求职者应该对此有事先的了解，并做好相应的准备。

【讨论与思考】

1. 自荐的准备材料有哪些?

2. 可应对的自荐技巧有哪些?

3. 应该如何做好笔试准备?

4. 面试官可能提到的面试问题有哪些?

5. 简述结构化面试、半结构化面试、非结构化面试的异同点。

6. 面试的礼仪形象应注意什么?

7. 如何做好面试准备?

第五章 毕业程序与就业法律法规

【学习要点】

1. 熟悉毕业生就业的程序和基本权利。
2. 熟悉毕业生就业协议的内容、注意事项、签订与解约。
3. 了解就业协议与劳动合同的区别。
4. 了解《劳动法》与其他法律。

第一节 毕业生就业程序

小杨是某中等职业技术学校的一名应届毕业生。在三年的学习生活中，他学习成绩很差，多门考试不及格，最终未能顺利取得毕业证。在毕业之际，小杨找工作四处无门，因为他拿不出毕业证和相应的技能证书、职业证书。

【思考】

小杨为什么找不到工作？遇到这种情况该怎么办？

一、学业完成类型

学业的完成类型不同，学校发放的证书也不同。用人单位很看重学业的完成类型，每一个毕业生应当知晓自己的学业完成类型，在就业的时候，才能做好精确的准备。

（一）毕业生

毕业生是指具有正式学籍的学生，学完教学计划规定的全部课程（包括实习和毕业设计），成绩及格或修满学分，思想品德和身体情况合格，准予毕业，结束学习。毕业生由学校颁发毕业证书，毕业证书经省、自治区、直辖市教育行政部门或有授权的下一级教育部门验印，未经验印的毕业证书一律无效。毕业证书可以在学籍网上查询。

（二）结业生

结业生指具有正式学籍，学完教学计划规定的全部课程（包括实习和毕业设计），其中有一门以上主要课程不及格的学生。结业后，可在一年内按学校规定的时间参加补考一次，补考成绩合格者，换发毕业证书。品德评定不合格者或毕业前受留校察看处分者，作结业处理，一年后经由用人单位或所在地区做出鉴定，达到合格或撤销处分规定者，换发毕业证书。

（三）肄业生

肄业生是指具有正式学籍，至少学满一年并取得相应成绩，但因种种原因，未继续学完教学计划规定的其余课程，经学校批准而中途退学的学生。学校应给肄业生核发退学证明及肄业证书。但未经学校批准擅自离校者学校不予推荐工作。大多数肄业生步入社会后，处于进退两难的地步，因为他们没有毕业生的竞争力。

二、毕业生毕业基本程序

（一）有就业意向的毕业生就业程序

（1）毕业生领取各院系盖公章的就业协议，就业推荐表，每人一份。

（2）有就业意向的毕业生与用人单位进行双向选择，签订就业协议。

（3）已签订就业协议的毕业生，提交就业协议后学院进行登记汇总，学院根据此协议将其列入就业计划。毕业生根据就业协议领取报到证，凭报到证到学校档案室转迁毕业生档案、到保卫处转迁户口、到用人单位报到。

（二）未就业的毕业生毕业程序

（1）毕业生领取各院系盖公章的就业协议，就业推荐表，每人一份。

（2）自主创业的毕业生提供创业材料，如公司营业复印件。

（3）暂不就业和创业的毕业生提交派遣原籍的材料，或接收函。

(4) 领取报到证，学校登记毕业生的就业情况，并做相应的派遣计划。

(5) 毕业生领取户口迁移证，并带着迁移证到落户地派出所落户。

（三）国内升学毕业生毕业程序

(1) 提供升学单位的录取通知书或调档函。

(2) 学校将其列入年度派遣计划，并做好备案。毕业生办理离校手续。

（四）国外升学、就业毕业生毕业程序

(1) 毕业生提供国外升学、国外就业的有关材料，如升学录取通知书，国外就业通知书。

(2) 毕业生提交派遣原籍的材料，或接收函。

(3) 领取报到证，学校登记毕业生的就业情况，并做相应的派遣计划。

(4) 毕业生领取户口迁移证，并带着迁移证到落户地派出所落户。

毕业生毕业基本程序，如图 5-1 所示。

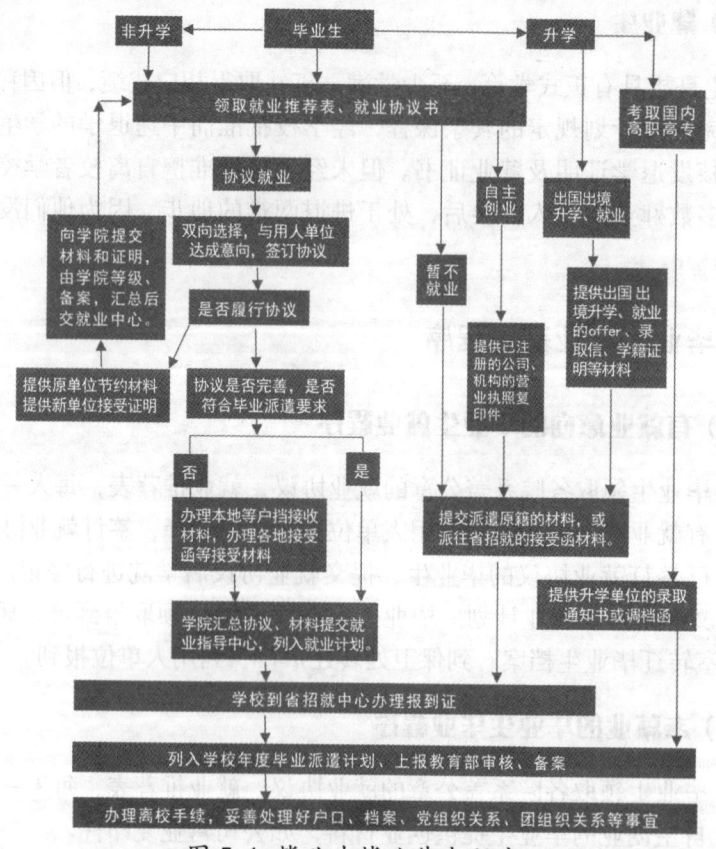

图 5-1 毕业生毕业基本程序

（五）毕业生就业程序注意事项

1. 派遣问题

（1）派遣是指毕业生离校时档案、户口、团党关系的转移。

（2）签订就业协议的毕业生的相关材料会派遣至协议单位，继续升学的毕业生的相关材料会派遣至学校，未签订就业协议的毕业生材料会派遣至生源地。

2. 报到证与档案问题

（1）报到证是一式两页，毕业时已签署就业单位并且手续齐全的，正页由毕业生本人持有，副页装入毕业生本人档案。毕业生凭报到证到单位报到。

（2）已经签订就业协议，但是用人单位不具备人事档案管理条件，毕业生凭报到证（证件已注明单位名称）到当地人才服务中心办理人事代理，户口、档案、团党关系会转至人才管理机构。

（3）如果未就业，报到证会发放到本人手里，应届生凭报到证到生源地办理落户手续、档案、团党手续关系的转移。

（4）档案一般采取部门寄发、向用人单位专送、毕业生自带三种形式。其中毕业生申请自带档案，要经有关领导批准，同时要遵守档案保密的有关规定。

（5）报到证遗失补办流程。报到证的有效期是2年，如果在毕业起的2年内遗失可以补办，如果超过，则不能补办，补办流程如表5-1所示。

表5-1 报到证补办流程

程序顺序	具体操作
1	去学校的就业指导中心开补办申请和证明
2	最好登报发表遗失声明
3	登报3天后，拿着学校开具的证明、申请书、报纸、毕业证书到档案所在地人事局开具证明
4	拿着上述所有材料与证明及身份证到大学生就业服务窗口补办报到证

3. 落户问题

（1）已落实就业单位且户口在学校的毕业生，凭借报到证和户口迁移证把户口迁往就业单位所在地。

（2）户口不在学校且已经落实工作单位的毕业生，凭借报到证、户口迁移证、就业单位户口接收证明，可将户口由原籍直接迁至工作单位所在地。

（3）户口在学校要求将户口迁回原籍的毕业生，凭借户口迁移证办理恢复户口手续。

（4）户口迁移证遗失补办流程如表5-2所示。

表5-2 户口迁移证补办流程

程序顺序	具体操作
1	迁回派出所出具未落户证明
2	毕业生至市级以上报社刊登遗失启事
3	毕业生拿身份证、毕业证书、刊登有户口迁移证的报纸原件、未落户证明到学院和就业处，并在保卫处开具证明
4	毕业生拿身份证、毕业证书、刊登有户口迁移证的报纸原件、未落户证明到原开具户口迁移证的派出所补办户口迁移证

（5）户口迁移证超期未落户办理流程如图5-3所示。

表5-3 户口迁移证超期未落户办理流程

程序顺序	具体操作
1	持户口迁移证、就读院校开具的报到证或派遣证到迁入地的人事劳动保障局盖章
2	本人写申请书，说明何种原因造成超期
3	持申请书和户口迁移证到迁入地（即原迁出上学地）的派出所给审批
4	到市公安局办证中心审批
5	回迁入地的派出所办理落户

案例解析

● 小杨为什么找不到工作？遇到这种情况怎么办？

小杨找不到工作的主要原因是成绩差，没有毕业证和相应的职业技能证书。一般单位均要求毕业证和相应的职业技能证书。如果遇到小杨这样的情况，依据案例中学校的处理方式，可以选择重修补考。在复习补考期间，务必要认真复习，以顺利拿到毕业证书。在工作之余的时间，最好把专业技能证书的考试内容进行重新学习，争取考取相应的技能证书，为自己的技能和职业发展增加竞争力。

第二节 毕业生就业权利与义务

小林就读于某中等职业技术学校的妇幼保健医学专业。毕业之际,她到一家私立的医院工作,医院向小林口头承诺试用期2个月,试用期工资2500元,包吃住。试用期过后就签订正式合同,缴纳社会保险,基本工资2500元,并有绩效提成,最高可拿4000元。小林2个月后进入转正期,但是合同条款并不是像之前承诺的那样,社会保险要全部从个人工资里扣除,一共1000元,且每个月要扣除个人工作服费和食宿费共300元,合同中绩效算法模糊,并且第二个月月底才发放上个月的工资。小林成为正式员工后,每个月拿到手里的工资平均只有2000元。

【思考】
1. 小林在就业过程中遇到了什么问题?
2. 毕业生在就业过程中如何维护自己的权益?

在毕业季,毕业生往往将精力放在了职业的选择、就业的准备过程中,而忽视了与自身密切相关的法律法规。有的毕业生没有认识到自身应履行的权利和义务有哪些,有的毕业生在就业过程中遇到权益被侵犯的情况却选择妥协和退让。毕业生应该认真学习有关就业的政策与方针,自觉履行自己应有的义务,并学会拿起武器维护自己应有的权利。

一、毕业生的就业基本权利

中职生作为一个特殊群体,在就业过程中除享有普通劳动者所享有的劳动报酬权、休息休假权、劳动保护权等一般权利外,还享有许多其他专属于毕业生的权利,主要体现在以下几个方面:

(一)就业指导权

学校有义务给学生进行就业指导,学生有权学习就业相关知识。学生就业指导的内容包含国家有关就业政策及学生就业方法与技巧指导。就业指导的主要目的是引导毕业生根据国家、社会需要，结合个人实际情况进行择业，使毕业生通过就业指导，准确定位，合理择业。

（二）就业信息知情权

就业信息知情权是指毕业生拥有及时、全面地获取应该公开的各种就业信息的权利，主要包括以下三个方面：

1. 信息公开

用人单位的信息必须向毕业生公布，任何人或团体都不得向其隐瞒、截留需求信息。

2. 信息及时

信息具有时效性，就业信息必须及时才有价值，不能将已经过时的无效价值信息传递给毕业生。

3. 信息全面

毕业的就业信息应全面、完整，如经营情况、工作环境、工资待遇、单位规模、岗位职责、工作环境等，用人单位不得只呈现部分信息或是虚假信息，以免对毕业生的就业造成影响或损害。

（三）被推荐权

只要达到毕业要求的学生，学校都应给学生进行推荐就业。学校的推荐往往在很大程度上影响用人单位对毕业生的录用。学校在推荐毕业时应做到以下几点：

1. 如实推荐

学校对毕业生的推荐内容应该实事求是，正确客观地评价学生，不应对学生的表现进行夸大，或是贬低。

2. 公正推荐

学校对毕业生进行推荐应做到公平、公正，应给每位毕业生就业推荐的机会。

3. 择优推荐

学校根据毕业生的在校表现，在公正、公开的基础上，择优推荐。

(四)平等权

每个毕业生在就业时都应享有平等权,都应有平等的机会去竞争同一个岗位。用人单位应公正公开地招聘人才,并反对各种歧视,如性别不平等歧视、民族歧视、宗教歧视、学历歧视、地域歧视等。

(五)自主选择权

现在国家的就业政策与方针是"双向选择,自主择业"。用人单位和毕业生都拥有平等的选择权利,毕业生可自主地选择用人单位,学校、其他单位和个人均不得干涉。任何将个人意志强加给毕业生,强令毕业生到某单位就业的行为都是侵犯毕业生自主选择权的行为。

(六)违约求偿权

《三方协议》的签订要求任何一方都不得擅自毁约,如果需要解除协议,则需要三方进行协商,否则任何一方的擅自毁约都要承担相应的法律责任或是赔偿。

(1)用人单位无故要求解约,毕业生有权要求对方严格履行就业协议,否则用人单位应对毕业生承担违约责任,支付违约金,毕业生有权要求用人单位进行补偿。

(2)毕业生要求解除协议。如果毕业生谋求到更好的就业机会而提出解除协议,毕业生应承担自己的违约责任。如果毕业生的权益或人身自由、人身安全受到用人单位的严重侵害,或单位不履行对协议的承诺,毕业生可以主动提出解除协议。

(七)户口档案保存权

毕业生毕业之后,有权将档案转至就读学校所在地的人才中心进行存放,也可转回原籍人才中心存放,或是转至单位存放。

二、毕业生就业的基本义务

毕业生在享受国家法律法规所赋予的权利的同时,也要履行相应的义务。

（一）服从国家需要服务的义务

个人应紧紧围绕在党中央，国家的发展需要每一个公民的义务配合。当毕业生在毕业时，如果国家发出需要的号召，则应以服从国家需要为主原则。当国家重点建设项目或某些行业急需人才的时候，毕业生应积极为国家的重点建设工程或项目服务，如西部志愿者、三支一扶、服兵役。

（二）遵守院系就业工作安排的义务

毕业生在就业过程中应配合院系的就业工作安排和管理，如接受就业指导、如实向学校反馈就业工作落实情况、按时办理离校手续的工作安排等。

（三）如实向用人单位反映情况的义务

毕业生在向用人单位进行自我推荐、自我介绍和接受考察时，有义务全面且实事求是地反映个人情况，以利于用人单位的遴选，不得夸大其词、弄虚作假。

（四）接受用人单位考核的义务

用人单位为了招聘到符合要求的毕业生，一般都会通过一些测试或考核手段来了解毕业生的情况，进而做出是否录用的决定。因此，毕业生应积极配合，充分展现自己的能力，接受用人单位的测试和考核。

（五）履行协议和合同的义务

毕业生应认真履行协议和合同，不得无故擅自变更或自行解除。如果毕业生单方违约，必须主动承担违约责任。

（六）依照职责完成工作的义务

每个工作岗位都有相应的工作职责要求，毕业生应本分地完成岗位工作的内容，不违规，不偷懒，不弄虚作假，不滥用职权。

（七）不断提高职业技能的义务

职业技能应随着社会的发展需要而不断提高，随着单位的发展变化而不断调整，通过工作内容要求而不断地更新。职业技能的提高才是毕业生在以后的职业道路上不断进步的资本。因此，每一个岗位的毕业生都应重视职业技能的提高，并不断学习。

三、毕业生自身权利实施的保护途径

毕业生在就业过程中难免会出现一些纠纷,那么可以从以下几个方面来维护自己的合法权益。

(一)毕业生依靠学校就业部门寻求保护

学校就业部门是保证就业工作顺利进行、维护毕业生合法权益的部门。当毕业生与用人单位签订的协议不符合规定时,学校有权不给予同意,不产生法律效应,也不作为编制就业计划的依据。

(二)毕业生向当地劳动监察部门反映

毕业生如果发现用人单位在劳动中出现违法的行为,可以向劳动监察部门举报,劳动监察部门会对用人单位进行行政处罚。

(三)毕业生向其他部门反映

毕业生还可以向工商行政管理局、公安局等部门进行举报、投诉,或是求助于报纸、电视、网络、广播等媒体力量,披露自身权益受到伤害的情况,引起社会的关注和相关部门的重视,从而促进问题的解决。

(四)毕业生的自我保护

毕业生维护自身权益的方式之一是进行自我保护。自我保护应从以下三个方面体现:

(1)了解国家有关毕业生就业的方针、政策法规,如《劳动法》,熟悉毕业生在就业过程中的权利和义务。当用人单位侵犯了自己的权益时,则可以依据法规办事,维护自己的合法权益。

(2)遵纪守法。毕业生应当自觉遵循有关就业规范,接受制约,保证自己的就业行为不违反就业规范,不侵犯其他毕业生的合法权益。

(3)学会运用法律途径。毕业生要学会运用法律途径保护自己的利益,如向劳动监管部门举报、向当地劳动仲裁进行调节和仲裁、向法院起诉。

案例解析

● 小林在就业过程中遇到了什么问题?

小林和用人单位在试用期内没有签订试用期合同,在试用期期间,用人单位也只是口头向小林承诺。正式期双方虽然签署了劳动合同，但是合同和试用期用人单位的口头承诺条例不一样，用人单位从工资里扣除多项不合法的费用，小林的利益受到损失。小林应当学习、了解一些维护自己权利的法律法规。

● 毕业生在就业过程中如何维护自己的权益？

首先，在求职过程中，不要轻易相信用人单位的口头承诺，如用人单位口头向求职者承诺的工资、福利、社保、假期、加班算法等。求职者应告知用人单位要应尽可能地将口头承诺内容体现在合同中，而且在试用期期间也要与求职者签署劳动合同。

其次，求职者本身也应该学习一些相关的法律知识，要有法律维权意识。

最后，如果求职者在劳动过程中自身的利益受到了伤害，那么应该向相关部门反映，如向劳动监管部门举报、向当地劳动仲裁进行调节和仲裁、向法院起诉。

第三节 就业协议与劳动合同

2016年，小金毕业于长春某中等职业技术学校的汽车汽修专业。毕业之际，小金被一家私立民营企业看中，并在这家企业实习。在实习期间，小金与用人单位签署了三方协议。实习期结束后，双方签订了就业协议。但是在2个月后，小金发现一家合资企业的发展规模很大，发展前景也很好，给的福利待遇也比原单位好，于是小金就想和这家合资企业签订协议。于是小金找到原单位，要求解除就业协议时，原单位告知小金只要遵守协议上的协议缴纳违约金就可以解除协议。面对这种情况，为了发展前景，小金不得不向家人求助。

同年毕业于郑州某中等职业技术学院的小徐被招聘到一家民营工厂从事汽车修理工作。入职之后，用人单位与他签订了2年的劳动合同，试用期为6个月。经过1年的工作后，小徐才了解到2年的合同期限中试用期最多只有2个月。

【思考】

1. 小金因为对就业协议的了解不透彻，造成了什么样的后果？

2. 小徐所在公司哪些做法违法了，他要怎么得到赔偿？

一、就业协议

（一）就业协议的定义

就业协议是明确毕业生、用人单位与学校三者之间的权利和义务的书面表现形式，是用人单位与毕业生签订的就业意向协议，需要学校就业指导部门盖章加以证明，学校、用人单位、毕业生三方各执一份。就业协议一般是由省就业主管部门统一印制的一式三份的协议书，由学校统一发放。

（二）就业协议的作用

（1）就业协议是学校和地方就业主管部门制定的就业计划的基本依据，是学校制定毕业生就业方案的重要依据。

（2）就业协议经学校见证，明确用人单位与毕业生双方之间的聘用关系，具有法律作用。

（3）就业协议是毕业生保护自身利益的基本依据。

（三）就业协议的内容

就业协议是毕业生、学校、用人单位三方之间的协议。因此，在就业协议中明确规定了各方的责任和义务。就业协议的组成内容包括以下几个方面：

1. 三方的基本情况及意见

（1）毕业生基本情况及意见：毕业生姓名、毕业学校、学历、出生日期、身份证号、户口所在地、专业、联络方式、应聘意见。"应聘意见"这一栏应写明毕业生与用人单位在洽谈中的基本条件，以作为保护自己权利的重要依据。

（2）用人单位情况及意见：单位名称、单位隶属、联系人、联系电话、邮政编码、通讯地址、所有制性质、单位性质、档案转移详细地址、用人单位意见、用人单位上级主管部门意见等。

（3）学校意见：毕业生就业主管部门意见、学校联系人、联系电话、邮政编码、学校通讯地址。

2. 三方的权利与义务

就业协议按照相关的规定，明确了学校、用人单位、毕业三方各自的权利和义务，具体内容包括以下几个部分：

（1）用人单位的工作规章制度、岗位职责、工资福利等介绍。

(2)毕业生的辞退与辞职说明。

(3)用人单位与毕业生之间的违约处理办法。

(四)就业协议的签订步骤

(1)毕业生先按协议书的"说明"填写好毕业生的基本内容。

(2)毕业生与用人单位在就业协议上签名并盖公章。

(3)用人单位的上级主管部门审批、签署意见,加盖公章。

(4)毕业生在签订就业协议的10个工作日内,应将协议返回给学校进行鉴证登记,加盖学校公章。

(5)学校保留一份,毕业生和用人单位各一份。

(五)就业协议签订的注意事项

就业协议一旦签订就具有相应的法律效应。因此,毕业生在签订之前一定要认真阅览相关条例说明,看是否有什么问题。

(1)用人单位是否具有合法资格。只有合法资格的单位,才能有录用毕业的自主权,即用人单位要能有办理人事代理权,具有能够将毕业生户口和档案关系托管在当地的人才中心的权力。

(2)用人单位的真实性。看用人单位的名称与公章是否一致,如不一致,则协议无效。

(3)按照正常程序进行。第一,用人单位签字盖章;第二,用人单位的上级主管部门盖章(除有人事自主权的国营企业、事业单位外,其他用人单位要由当地人社局或人才交流中心盖章,或另外出具接收函);第三,所在院系、就业中心审核盖章留存。

(4)协议条款的合理性。毕业生一定要注意协议中条款的具体内容是否合理、合法,是否有休假住房说明、社会福利保险说明、工资具体情况、试用期时长、合同时长以及是否收取其他费用(如报名费、培训费、押金、保证金),是否扣押其他证件(如身份证、毕业证)等一定要在协议中注明,以此维护自己的权益。

(5)解除协议。毕业生一定要弄清楚双方在哪种情况下可以解除协议,一定要对协议的解除有一个事前的约定,以免承担违约责任。

(6)精确信息无误。毕业生在填写自己的专业名称时,一定要与培训方案中的专业名称一致,不能简写。同时,提醒用人单位准确填写组织机构代码、户口迁移地、档案寄送地、单位联系人和联系电话等重要信息。

（7）毕业生只能持有一份就业协议，如想要第二份协议，则必须先解除第一份协议或者承担违约责任。

（8）注意与劳动合同的衔接。签订就业协议后并拿到毕业证书到用人单位报到后，一定要签署劳动合同。就业协议是毕业生在择业过程中签订的协议，其效力始于签订之日，终于毕业生到用人单位报到之时，就业协议只在毕业生与用人单位之间的"报到"与"接收"方面起调节和制约的作用。

（六）就业协议违约的解决

1. 毕业生违约

毕业生违约是指因毕业生个人原因造成的就业协议无法履行，导致用人单位权益受到侵犯。具体情况有以下几方面。

（1）毕业生与多方用人单位签约。

（2）毕业生因有其他更理想的就业单位，提出与原单位终止协议。

（3）毕业生向用人单位提供虚假信息。

（4）毕业生因升学、创业、出国等原因，未在协议中注明清楚，导致发生的违约。

2. 用人单位违约

用人单位违约是指因用人单位方面原因造成的就业协议无法履行，导致对方权益受到侵犯。具体情况有以下几方面。

（1）用人单位经营困难导致裁员、岗位撤销、破产。

（2）用人单位拒绝接受毕业生。

（3）用人单位向毕业生提供片面、虚假信息。

（4）用人单位不履行协议中注明的条约。

（5）用人单位单方面提出附加条款。

（6）用人单位的违法行为侵害了毕业生的合法权益，如收保证金、扣押身份证等。

3. 协议解约与责任

解约是指在就业协议签订后，其中一方因情况有所改变，使得协议不能履行，需要解除协议。就业协议的解除分为单方解除和三方协商解除。

（1）单方解除包括单方面依法或依照协议解除和单方面擅自解除。单方面依法或依照协议解除，是指一方解除就业协议有法律上或协议上的依据，如学生未取得毕业资格证，此类单方解除，解除方无须承担法律责任。单方面擅自解除协议属于违约行为，解约方应该承担责任。

（2）三方协商解除是指毕业生和用人单位、学校三方经协商一致，解除原订立的协议，使原协议不发生法律效力。协商解除就业协议，三方均不承担法律责任。此类解除应在就业方案上报主管部门之前进行。

4. 毕业生解约手续办理程序

（1）毕业生向所在各分院（部）主管领导提交个人书面解约申请，经批准同意并签署意见后才可以办理后续手续。

（2）经双方协商，用人单位开具同意解除协议的证明并返还推荐表原件。

（3）出具新单位的就业协议（因升学、出国等原因提出解约的需提供录取院校相关证明材料）。

（4）毕业生填写违约申请表，报送本人所在院系审批。

（5）所在院系进行审查，核准后盖院系公章。

（6）毕业生携带原单位解约证明、违约申请表、新的就业协议到学校就业指导中心办理违约手续。

（7）招生就业办审核，注销学生管理信息系统原签约数据。

（8）本人所在院系登录学生管理信息系统，录入新的就业数据，派字盖章，新协议生效。

5. 违约争议处理

违约现象在毕业生就业过程中是一种常见的现象，学校不提倡、不支持违约行为，但是如果毕业生发生了违约，应当和用人单位共同协商，按照协议上的有关条款办理，依法承担相应的责任。如果是用人单位违约，也应与毕业生共同协商，依照协议内容承担责任，如果协商不了，毕业生可以直接向就业主管部门反馈问题，如向劳动监察部门举报，向法院起诉。

6. 违约的不良后果

无论是毕业生还是用人单位，其中任何一方发生了违约，都会产生诸多不良的后果。就学校而言，会影响学校和用人单位之间的合作关系；就用人单位而言，会影响其工作计划及单位名声、信誉；就个人而言，耗时、耗力、耗财，还会影响其他毕业生的就业情况。

【知识链接】

三方协议典型案例分析

案例一：学校是否可对违约学生收取违约金？

王同学原本与一家公司签订了就业协议，但是后来找到了更好的公司，故提出违约。原公司得知此事后，依据三方协议要求她支付违约金，学校也因为名誉被损的原因要对违约的王同学收取1 000元的违约金，否则将扣押旧的三方协议，不予发放新的三方协议。

解析：就业协议，也称三方协议，就业协议在毕业生正式入职公司之前具有法律效应，中间任何一方如果发生违约，则要承担相应的法律责任。王同学与公司签订了就业协议，那么就具有了法律效应，后来她违约，公司依据三方协议，要求王同学支付违约金，这是有法律依据的，但是数额应该由学校、本人、用人单位协议而定。学校在三方协议中只起见证作用，相互之间并无权利与义务关系，并不能依据三方协议要求违约学生支付违约金。在学生从单位取回带有公章的解除三方协议说明后，学校应将旧三方协议作废，发放新的三方协议给学生。

案例二：公司违约是否应向学生支付违约金？

李同学在一家公司实习了半年，公司表示愿意留任，并且与之签订三方协议。李同学在收到可以留任的消息后立即拒绝了其他向他抛出"橄榄枝"的公司。但临毕业时，公司以"名额没有得到上级审批"为由，告知李同学他将没有机会留任。这时，李同学是否可以向公司要求支付违约金？

解析：用人单位违约的情况在经营不景气的年份并不少见。根据应届生与用人单位签订的三方协议，学生可依据三方协议向用人单位要求支付违约金。如果没有签订三方协议，口头承诺并不能保护学生的权益。应届生与用人单位在签订三方协议时应约定违约金，一方面践行自己的承诺，同时也确保自己的权益，避免因不确定的录用意向而错失其他工作机会。

二、劳动合同

劳动合同是劳动者与用人单位之间发生劳动关系，并确立双方的权利和义务的书面协议，具有法律的效应。

（一）劳动合同的种类

劳动合同并不是只有一种，而是具有多种合同形式。

1. 固定期限劳动合同

它是指用人单位与劳动者约定合同终止时间的劳动合同。用人单位与劳动者协商一致，可以订立固定期限劳动合同。

2. 无固定期限劳动合同

它是指用人单位与劳动者约定无确定终止时间的劳动合同。用人单位与劳动者协商一致,可以订立无固定期限劳动合同。有下列情形之一,劳动者提出或者同意续订、订立劳动合同的,除劳动者提出订立固定期限劳动合同外,应当订立无固定期限劳动合同。

(1)劳动者在该用人单位连续工作满10年的。

(2)用人单位初次实行劳动合同制度或者国有企业改制重新订立劳动合同时,劳动者在该用人单位连续工作满10年且距法定退休年龄不足10年的。

(3)连续订立二次固定期限劳动合同且劳动者没有本法第三十九条和第四十条第一项、第二项规定的情形,续订劳动合同的,用人单位自用工之日起满1年不与劳动者订立书面劳动合同的,视为用人单位与劳动者已订立无固定期限劳动合同。

3. 单项劳动合同

单项劳动合同是没有固定期限,以完成一定工作任务为期限的劳动合同。它是指用人单位与劳动者约定以某项工作的完成为合同期限的劳动合同。

(二)劳动合同中法定必备的内容

《中华人民共和国劳动法》规定,劳动合同应当以书面形式订立,并注明以下内容。

1. 双方基本信息

用人单位名称、法人代表、单位地址、劳动者姓名、住址、身份号码。

2. 劳动合同的期限

即劳动合同从哪一天开始到哪一天结束。我国的劳动合同可以分为固定期限和无固定期限以及以完成一定的工作为期限。

3. 工作内容

即所从事的工作和工作岗位,工作岗位应当尽量明确。

4. 劳动保护和劳动条件

这是劳动合同的重要内容,涵盖工作时间和休息休假、劳动安全卫生、女职工和未成年工特殊保护、职业培训、福利等。

5. 劳动报酬

应写明劳动报酬的具体数额、计算方法及支付日期，并明确是税前还是税后，劳动报酬应执行最低工资保障制度。

6. 社会保险

明确用人单位与劳动者应参加的社会保险项目，基本的社会保险包括养老保险、医疗保险、工伤保险、生育保险和工伤保险。

7. 劳动纪律

明确劳动者在工作中应遵守的纪律和单位规章制度。

8. 劳动合同终止的条件

不符合法律法规的劳动合同终止条件无效，一般劳动合同终止条件包含以下几种情况。

（1）劳动合同期限满。

（2）劳动合同约定的终止条件出现。

（3）劳动者达到法定退休年龄。

（4）劳动者死亡或被人民法院宣告失踪、死亡。

（5）用人单位依法破产、解散。

9. 违反劳动合同的责任

明确规定用人单位和劳动者如果违反劳动合同应承担的责任和法律，其中劳动合同中对劳动者违约金的约定只能包含违反服务期约定和违反保守商业秘密约定，其他约定均属无效约定。

（二）劳动合同中法定可备的内容

一般劳动合同法定可备内容（又称约定条款内容）包括以下几个方面。

1. 试用期

劳动合同中应注明试用期的时长，试用期的基本工资、绩效奖金、社会福利待遇等。试用期期限标准如表5-4所示。

表 5-4 试用期期限标准

劳动合同期限	试用期期限
6 个月以内	不得超过 15 天
6 个月以上 1 年以内	不得超过 30 天
1 年以上 2 年以内	不得超过 60 天
2 年以上	不得超过 6 个月

试用期只适用于初次就业，或再次就业改变劳动岗位或工种的劳动者，同一用人单位与同一劳动者只能约定一次试用期。试用期的工资不得低于本单位相同岗位的最低档工资，或者劳动合同约定工资的 80%，并不得低于用人单位所在地的最低工资标准。如果用人单位违反试用期规定，用人单位必须按照劳动者正式工作为标准，支付给劳动者超过试用期时长的双倍工资。

2. 竞争限制

一般会明确规定劳动者在单位工作期间，不得对其他单位提供技术支持，到其他单位进行兼职工作，也会规定劳动者在离开本行业××年内不得从事本工作。

3. 保密条款

规定劳动者不得将工作内容和技术向外泄露，劳动者有义务保护单位的商业机密和知识产权机密，如果发现向外泄露将会承担相应的法律责任。

4. 培训和最低服务

如果用人单位向劳动者提供了专项技术培训，可以与劳动者约定服务期限。如果劳动者违反服务期条约，劳动者应当向用人单位支付违约金，违约金额度不得超过用人单位的培训费用，也不得超过服务期尚未履行部分应分摊的培训费用。

5. 补充保险及福利待遇

如果有补充保险应在合同中标明，并标明是什么类型的保险，如商业医疗保险、商业意外保险等；提供额外的福利也应在合同中标明，如餐补、交通补贴、住房补贴、每年的年度旅游、通讯补贴、车补等。

（三）劳动合同中禁止法定可备的内容

用人单位和劳动者在签订劳动合同时，用人单位不得以任何形式向劳动者收取定金、保证金、保证物、押金、身份证、证书等。如违反规定，由公安部门和劳动保障行政部门责令用人单位立即退还给劳动者本人，情节严重的可以对用人单位进行处罚。

（四）签订劳动合同的注意事项

1. 用人单位合法性

要仔细察看用人单位是否经过工商部门登记，用人单位注册的有限期限是否继续生效。

2. 合同双方平等性

劳动者和用人单位之间的法律地位是平等的，这样才能保证签订的劳动合同具有公正性和合法性。

3. 合同书面形式

劳动合同必须采用书面的形式，这样才让关系复杂的劳动关系在发生争议时，有据可查，有便于争议的解决。劳动合同必须由用人单位签字盖章，一式三份。

4. 合同清楚明懂

劳动合同应明确工作内容、劳动报酬、劳动纪律、合同期限、绩效考核方式、工资支付方式与日期、违反合同责任等情况，字句要明确、清楚、完整、明白易懂，不能用模糊、缩写的文字表达，以免在工作过程中带来争议。

5. 违法内容不可有

应当注意有关劳动合同中是否有违法条例，如收取押金、扣押物品等。

6. 合同数字大写

劳动合同中的数字一定要大写。

7. 合同生效性

必须注意合同的生效条件和时间，合同生效必要的条件和附加条件是什么，因为有些合同需要登记或是鉴证才能生效。

(五)签订劳动合同的原则

1. 合法原则

合法原则是指劳动合同的制定在形式和内容上都必须遵守国家法律法规。合法是劳动合同有效的前提条件。首先,劳动合同的形式要合法。劳动合同需要以书面形式订立,如果是口头合同,当双方发生争议时,法律不承认其效力,用人单位要承担不订书面合同的法律后果。其次,劳动合同的内容要合法。工作时间不得违法国家关于工作时间的规定。劳动报酬不得低于当地最低工资标准。

2. 公平原则

公平原则是指劳动合同的内容应当公平、合理。用人单位应从岗位、资历、能力等方面综合制定劳动合同,也不得强迫劳动者签订违规合同。

3. 平等自愿原则

平等自愿原则指用人单位和劳动者在劳动合同的法律地位上平等,没有高低贵贱之分,劳动合同的签订过程是自愿的过程。劳动合同是你我双方进行双选后的结果,且劳动合同的内容不可把一方的想法强加在另一方,不得强迫签署任何一方不愿意的合同。

4. 协商一致原则

协商一致原则是指劳动合同是经双发协商后在内容上达成一致的结果,没有一方强迫另一方。

5. 诚实守信原则

诚实守信原则是用人单位和劳动者在签订劳动合同时,要向劳动者如实说明公司的各种条件和福利。用人单位和劳动者在订立劳动合同时要诚实,不得向劳动者隐瞒公司的情况,如实告知劳动者的工作内容、工作条件、职业发展、劳动报酬等。

(六)劳动合同的解除

劳动合同的解除指双方劳动关系的终止。劳动合同的解除有三种:一是协议解除,即双方协商一致,解除劳动合同,双方都不承担法律风险后果;二是劳动者向用人单位提出辞职,劳动者也必须遵守用人单位的辞职流程,按照规章办事；三是用人单位辞退劳动者。

（七）不能解除劳动合同的情形

以下几种情况，用人单位不得解除、终止劳动合同。

（1）从事接触职业病危害作业的劳动者未进行离岗前职业病健康检查，或者疑似职业病病人在诊断或者医学观察期间的。

（2）在本单位患职业病或者因工负伤并被确认丧失或者部分丧失劳动能力的。

（3）患病或者非因工负伤，在规定的医疗期内的。

（4）女职工在孕期、产期、哺乳期内的。

（5）在本单位连续工作满15年，且距法定退休年龄不足5年的。

（6）法律、行政法规规定的其他情形。

如果违法解除或终止劳动合同，用人单位要么优先强制合同生效，劳动者继续履行合同就业；要么用人单位按照经济补偿标准向劳动者支付足额的赔偿补助金。

（八）无效劳动合同

无效劳动合同是指当事人虽然签订，但是国家不承认其法律效力的劳动合同。一般的合同一旦依法成立，就具有法律约束力，但是无效合同即使成立，也不具有法律约束力，不发生履行效力。如果符合以下几点，则属于无效合同。

（1）以胁迫的手段，使对方在违背真实意愿的情况下订立或者变更劳动合同的合同无效。

（2）用人单位免除自己的法定责任、排除劳动者权利的合同无效。

（3）违反法律、行政法规强制性规定的合同。

（九）劳动争议处理

劳动争议也叫劳动纠纷，是指具有劳动法律关系的双方当事人，即劳动者和用人单位，在执行劳动法律、法规或履行劳动合同的过程中，就劳动权利和劳动义务关系所产生的争议。

我国处理劳动争议包括：协商、调解、仲裁、诉讼4个阶段。

1. 协商

劳动者和用人单位就解决争议、化解矛盾、协调劳动关系共同商谈，以便达成和解协议的行为。协商不是处理劳动争议的法定必经程序，当事人可以选择协商，也可以不经协商，直接选择调解或仲裁等方式。协商主要适用于简单的劳动争议，但如果是集体合同争议的处理，协商则是法定必经程序。

2. 调解

如果双方的其中一方不愿意协商，或是协商意见没有达成一致，或经协商后不履行的，可以进行调解。调解的组织有：企业劳动争议调解委员会、依法设立的基层人民调解组织和在乡镇、街道设立的具有劳动争议调解职能的组织。只有双方当事人都同意申请调解，调解委员会才能受理此案。劳动争议调解委员会接到调解申请后，决定不予受理的，应在3日内书面通知申请人并说明理由。

3. 仲裁

当事人不愿调解、调解不成或者达成调解协议后不履行的，可以向劳动争议仲裁委员会申请仲裁。只要有一方当事人申请仲裁，且符合受案条件，仲裁委员会即予受理；当事人如果要起诉到法院，必须先经过仲裁程序，未经过仲裁程序的劳动争议案件，人民法院将不予受理。劳动争议申请仲裁的时效期为1年，仲裁时效期限从当事人知道或者应当知道权利被侵害之日起计算。申请人申请仲裁应当提交书面仲裁申请，并按照被申请人人数提交副本。劳动争议仲裁委员会收到仲裁申请之日起5日内，认为符合受理条件的，应当受理，并通知申请人；认为不符合受理条件的，应当书面通知申请人不予受理，并说明理由。对劳动争议仲裁委员会不予受理或者逾期未做出决定的，申请人可以就该劳动争议事项向人民法院提起诉讼。

4. 诉讼

当事人如果对仲裁裁决不服，可以自收到仲裁裁决书之日起15日内向当地基层人民法院提起诉讼，期满不起诉的，裁决书发生法律效力。当事人对发生法律效力的调解书、裁决书，应当依照规定的期限履行。一方当事人逾期不履行的，另一方当事人可以依照《中华人民共和国民事诉讼法》的有关规定向人民法院申请执行。受理申请的人民法院应当依法执行。

（十）就业协议与劳动合同的区别

就业协议和劳动合同的区别如表5-5所示。

表 5-5 就业协议和劳动合同的区别

区别项目	就业协议	劳动合同
主体	应届毕业生	应往届毕业生、各类人员
签订方	应届毕业生与用人单位、学校三方	应往届毕业生与用人单位两方
时效性	三方签订后立即生效，劳动合同签订后失效	双方签字盖章后立即生效，劳动期满后失效
内容	毕业生与用人单位双方如实介绍自身情况、学校负责完成派遣工作	确定劳动者与用人单位的劳动关系
责任	不涉及任何权利和义务问题	涉及权利和义务：劳动的报酬、劳动保护、劳动纪律、工作内容
签订时间	毕业之前	毕业之后，到用人单位报到时签订
法律依据	无名合同，《中华人民共和国民法通则》《中华人民共和国合同法》、其他毕业生就业法律法规	有名合同，《中华人民共和国劳动法》《中华人民共和国劳动合同法》《中华人民共和国劳动争议调解仲裁法》等法律法规
纠纷解决方式	人民法院提起诉讼，但不能劳动争议仲裁	协商、调解、仲裁、诉讼均可

【知识链接】

试用期、实习期、见习期的区别

实习期——劳动者与实习单位无劳动关系。应签订实习协议，如果在实习中发生事故，不能依据"工伤"的规定处理，应按民事伤害来处理。

见习期——是对应届毕业生进行业务适应能力的一种考核制度，不是劳动合同制度下的概念，而是人事制度下的做法。

试用期——用人单位与劳动者在劳动合同中协商约定的对对方的考察期。

案例解析

● 小金因为对就业协议的了解不透彻，造成了什么样的后果？

毕业生在签就业协议时，如果不谨慎，可能会发生违约的情况，最大的违约方可能在于应届生本人。就业协议的一旦签署就会有法律效应，直到入职用人单位那天才自动解除。如果已经签订了就业协议，任何一方发生了违约，都要承担相应的法律责任。

● 小徐所在公司哪些做法违法了，他要怎么得到赔偿？

小徐所在公司违反了《劳动法》中对试用期期限的规定。1年以上2年以内的合同中试用期最长为2个月，2年以上的劳动合同试用期最长不超过6个月。如果用人单位违反试用期规定，必须按照劳动者正式工作标准支付给劳动者超过试用期时长的双倍工资。如1年的劳动合同的试用期为1个月,如果用人单位将其试用期规定为3个月,那么应该支付给劳动者2个月正式工资的2倍。

第四节 《劳动法》和就业其他相关法律

小吴2015年毕业于辽宁某中等职业技术学校,毕业之后在辽宁一家小型医院当护士,月工资1 000元,包吃住,个人缴纳保险费用从个人工资中扣除。2018年,小吴发现当地最低工资已经上调到1 120元,于是向医院提出工资上调的要求,但是遭到了医院的拒绝。医院官方说法是包吃住,总费用已经超过当地最低工资档,如果要上调工资,则不包吃住。

小周2010年毕业于山东某中等职业技术学校的会计专业,毕业后在当地一家小型公司做出纳工作。2018年小周怀孕,公司却以各种理由在工作上为难她,并给她降薪,原因是小周怀孕后的工作量减少了,因此工资也随之减少。

【思考】
1. 医院每个月发放给小吴的月工资低于当地最低工资标准,是否合法?
2. 小周所在公司的做法是否合理,她该怎么维护自己的合法权益?

一、《劳动法》

(一)《劳动法》的概述

《中华人民共和国劳动法》于1995年1月1日正式实施,简称《劳动法》,于2018年12月29日进行了第二次修正。《劳动法》表明了我国劳动关系双方的权利和义务,从法律的角度保护了劳动者的自身权益,维护了用人单位的自身利益。因此,《劳动法》是调整劳动关系以及与劳动关系有密切联系的其他社会关系的法律规范的总称,是维护人权、体现人本关怀的基本法律。

（二）《劳动法》的调整对象

《劳动法》是劳动者与用人单位确定关系的一项基本法律，它的调整对象是劳动关系和与劳动关系密切联系的其他社会关系。

1. 劳动关系

劳动关系是指人们在从事劳动过程中发生的社会关系，一般是指劳动者与用人单位之间的社会关系。劳动关系的特征有：

（1）劳动关系的当事人一方是劳动者，另一方是用人单位。

（2）劳动关系是在实现劳动过程中发生的社会关系。

（3）劳动关系是具有人身关系、财产关系属性的社会关系。

（4）劳动关系具有平等关系、隶属关系的属性。

2. 附随劳动关系

《劳动法》的调整对象还有与劳动关系密切联系的其他社会关系，这些社会关系本身不是劳动关系，但是与劳动关系密切，也称附随劳动关系。附随关系明确双方当事人一般有一方是劳动者或用人单位，而另一方是劳动关系的相关人，或者双方均为劳动关系的相关人或用人单位。主要的相关社会关系有：

（1）管理劳动力方面的关系：即国家劳动行政部门与用人单位或劳动者之间因就业、培训等问题而发生的关系。

（2）社会保险方面的关系：即国家社会保险机构与用人单位及职工劳动者之间因执行社会保险制度而发生的关系。

（3）处理劳动争议方面的关系：即国家劳动争议仲裁机构、法院与用人单位、劳动者之间由于协调处理和审理劳动争议而产生的关系。

（4）监督《劳动法》执行方面的关系：即有关国家机关因监督《劳动法》的执行而与用人单位发生的关系。

（三）《劳动法》的基本原则

《劳动法》的基本原则是指调整劳动关系以及与劳动关系有密切联系的其他一些社会关系时必须遵循的基本准则，即必须遵循的基本规范和指导思想。《劳动法》的基本原则直接决定了各项劳动法律制度的性质。

1.《劳动法》基本原则的特征

（1）《劳动法》的基本原则是劳动法律部门中具有指导性、纲领性的法律规范。

（2）不同的法律部门有着不同的基本原则，《劳动法》的基本原则反映了所调整的劳动关系的特殊性，反映了劳动法律部门的本质和特点。

（3）《劳动法》的基本原则有着高度的稳定性，只要社会的基本经济制度、政治制度未发生根本性变化，基本原则是不会改变的。

（4）基本原则具有高度的权威性，对各项劳动法律制度均具有约束力。

2.《劳动法》基本原则的内容

（1）保障劳动者劳动权的原则。保障劳动者劳动权的原则是《劳动法》的首要原则。劳动权是包括与劳动相关的一组权利，是人权的一部分。《劳动法》的立法宗旨就在于保护劳动者的合法权益。劳动权受到国家的保障，具体表现为基本保护、全面保护和优先保护等方面。

（2）劳动关系民主化原则。《劳动法》表明了劳动者在用人单位就职期间应享有的民主关系，具体有：劳动者享有参加和组织工会的权利，参与民主管理的权利等。

（3）物质帮助权原则。物质帮助权原则是劳动者暂时或永久丧失劳动能力，失去就业机会时有权获得社会帮助。这主要通过社会保险来实现。物质帮助权具有强制性、社会性、互济性、补偿性特点。

（四）《劳动法》的内容体系

《劳动法》的内容体系是指《劳动法》的各项具体劳动法律制度的构成和相互关系，主要包括促进就业制度、劳动合同和集体合同制度、劳动争议制度、工会和职工民主管理制度、劳动标准制度、职业培训制度、社会保险和福利制度、监督检查制度、法律责任制。

（1）促进就业制度的主要内容是规范国家在促进就业方面的职责，各级政府促进就业的职责，对社会特定人口群体如妇女、残疾人员、少数民族人员、退役的军人等的专门促进的就业措施。

（2）劳动合同和集体合同制度，主要针对劳动合同订立、履行、变更、解除、终止条件等内容，集合合同协商、订立、履行、监督检查等内容。

（3）劳动争议处理制度，主要是规定劳动关系因问题而产生争议的解决办法，包括调解、仲裁、诉讼程序。

（4）工会和职工民主管理制度，主要规定工会具有决策权和民主管理权内容。促进就业制度、劳动合同和集体合同制度、劳动争议制度、工会和职工民主管理制度一起构成劳动关系法。

（5）劳动标准制度，主要规定了最低的劳动标准：工作时间和休息休假制度、工资制度、劳动安全卫生制度以及女职工和未成年工特殊保护制度。

（6）职业培训制度，主要规定了培训的收费原则、职业资格证书等的技能考核鉴定内容。

（7）社会保险和福利制度，主要规定用人单位给劳动者提供的社会保险和社会福利等，其功能是使劳动者在年老、患病、工伤、失业和生育等情况下能获得帮助和补偿。

（8）劳动监督检查制度，主要规定了以何种手段实现和保障各项劳动法律制度的实施，是实施劳动监督检查的职权划分和行为规范。

（9）法律责任制度，主要规定了用人单位和劳动者自身利益受到伤害时寻求帮助的法律支持。

我国的《劳动法》体系各大类内的具体法律构成如表5-6所示。

表 5-6 《劳动法》体系

劳动关系	劳动标准	劳动保障
《中华人民共和国劳动合同法》 《中华人民共和国集体合同法》 《中华人民共和国职工民主管理法》 《中华人民共和国劳动争议处理法》	《中华人民共和国工作时间法》 《中华人民共和国工资法》 《中华人民共和国劳动安全卫生标准法》	《中华人民共和国促进就业法》 《中华人民共和国职业培训法》 《中华人民共和国社会保险法》 《中华人民共和国劳动福利法》

（五）劳动法律关系

1.劳动法律关系的概念

劳动法律关系是指用人单位与劳动者之间，依据劳动法律规范所形成的实现劳动过程的权利和义务关系。劳动法律关系具有法律效应，与劳动关系不同，劳动关系是指用人单位与劳动者未按《劳动法》规定确立劳动关系，但在双方之间却实际存在具有劳动关系内容，且未产生劳动法律关系的一种社会劳动关系。因此，劳动关系转变为劳动法律关系必须满足两个条件：一是存在现实的劳动关系，二是存在调整劳动关系的法律规范。

2. 劳动法律关系的特征

（1）劳动法律关系的内容包括权利和义务。劳动法律关系是以法律上的权利义务为纽带而形成的社会关系，运用《劳动法》的各种调整方式将劳动关系转化为劳动法律关系，是《劳动法》对劳动关系的第一次调整。劳动关系转化为劳动法律关系后，若其运行出现障碍，如违约行为或侵权行为出现，则《劳动法》将对劳动法律关系继续进行调整，这是《劳动法》的第二次调整，其目的在于消除劳动法律关系运行的障碍，使其顺利运行。

（2）劳动法律关系是双务关系。用人单位和劳动者在劳动关系中既是权利主体，又是义务主体，互为等价关系。

（3）劳动法律关系具有国家强制性。规范性的劳动法律关系受到国家强制性的直接保障，任何人都不得违反国家法律，用人单位必须遵守《劳动法》中的相关规定，劳动者也不得做出违规行为。

3. 劳动法律关系的构成要素

劳动法律关系由主题、内容、客体三个要素要成。

（1）劳动法律关系主体指依据劳动法律的规定，享有权利、承担义务的劳动法律关系的参与者，包括企业、个体经济组织、国家机关、事业组织、社会团体等用人单位和与之建立劳动关系的劳动者，即雇主与雇员。依据我国《劳动法》的规定，工会是团体劳动法律关系的形式主体。

（2）劳动法律关系内容指劳动法律关系主体依法享有的权利和承担的义务。

（3）劳动法律关系的客体指劳动法律主体的权利和义务共同指向的事务，即劳动法律关系所要达到的目的和结果，如工资、工作时间、休息时间等。

二、其他就业相关法律法规

毕业生在就业过程中除了了解《中华人民共和国劳动法》最基本的法律法规外，还应了解和熟悉其他就业的相关法律法规。

（1）《女职工劳动保护特别规定》，颁布单位：国务院，颁布日期：2012年4月28日。

（2）《人才市场管理规定》，颁布单位：人事部、国家工商行政管理总局，颁布日期：2001年9月11日。

（3）《中华人民共和国企业劳动争议处理条例》，颁布单位：国务院，颁布日期：1993年7月6日。

（4）《人事争议处理暂行规定》，颁布单位：人事部，颁布日期：1997年8月8日。

（5）《个人独资企业登记管理办法》，颁布单位：国家工商管理总局，颁布日期：2000年1月13日。

（6）《职业介绍规定》，颁布单位：劳动部，颁布日期：1995年11月9日。

（7）《外商投资企业劳动管理规定》，颁布单位：劳动部，颁布日期：1994年8月11日。

（8）《劳动力市场管理规定》，颁布单位：劳动和社会保障部，颁布日期：2000年12月8日。

（9）《关于严禁用人单位录用职工非法收费的通知》，颁布单位：劳动部，颁布日期：1995年9月6日。

（10）《中华人民共和国职业病防治法》，颁布单位：人大常务委员会，颁布日期：2002年5月1日。

（11）《中华人民共和国工会法》，颁布单位：人大常务委员会，颁布日期：1992年4月3日。

（12）《国务院关于职工探亲待遇的规定》，颁布单位：国务院，颁布日期：1981年3月6日。

（13）《中华人民共和国社会保险法》，颁布单位：人大常务委员会，颁布日期：2011年7月1日。

案例解析

● 医院每个月发放给小吴的月工资低于当地最低工资标准，是否合法？

不合法。医院违反了《中华人民共和国劳动法》的内容体系，《中华人民共和国劳动法》明确规定，用人单位支付劳动者的工资应不低于当地的最低工资标准。

● 小周所在公司的做法是否合理，她该怎么维护自己的合法权益？

公司的做法不合理，也不合法。女职工在怀孕期间，用人单位可以对其进行调岗，但是不得对其进行降薪。

《中华人民共和国劳动合同法》第四十二条规定，女职工在孕期、产期、哺乳期的，用人单位不得依照本法第四十条、第四十一条的规定解除劳动合同。

《女职工劳动保护条例》第四条规定，用人单位不得在女职工怀孕期、产期、哺乳期降低其基本工资，或者解除劳动合同。

《妇女权益保障法》第二十七条规定，任何单位不得因结婚、怀孕、产假、哺乳等情形，降低女职工的工资，辞退女职工，单方解除劳动（聘用）合同或者服务协议。

要是在女职工怀孕期间单位降薪，那么女职工可以申请劳动仲裁或提起劳动诉讼。但如果是女职工违反了公司的规章制度而导致的降薪，则用人单位有权对其进行降薪。

【讨论与思考】

1. 如何补办报到证与户口迁移证？

2. 简述毕业生的毕业程序的基本流程。

3. 如果毕业生对就业协议的内容进行了违约，会负什么样的法律责任？

4. 简述劳动合同签订时应要注意的事项。

5. 简述劳动合同的争议解决方法。

6. 《劳动法》的必备内容包括哪些？

第六章 创业基础

【学习要点】

1. 了解国家关于创业的政策。
2. 了解创业者的基本创业素质和能力。
3. 了解创业的融资渠道。
4. 知道如何规避创业风险。

第一节 创业概述与素质

案例

　　小康高职时学的是广告设计专业,毕业后在一家广告设计公司工作。一次偶然的机会,小康看到写字楼旁边的打印店生意十分火爆,于是他利用业余时间暗访了十几家打印店,他发现每家打印店的业务都差不多,一般包括出图、复图、刻章、编排、装订、证件打印等业务,并且开一个只有15平方米的打印店需要的启动资金大约6万元。于是小康从家里借了6万元开了一家小型的打印店。但是最初的两个月,小店一直处于亏损状态,小康究其原因,他发现自己一方面在技术能力上还不足;另一方面,新店开业没有任何的店铺活动造成许多人都不知道自己的打印店。于是小康每天都抽出1~2个小时学习开设打印店需要掌握的技术。与此同时,他在店里推出了活动:凡是来店里打印、编排、绘图、设计广告等,如果客户不满意,打印店不收

> 钱;如果1个月内客户不满意,打印店可以免费重新制作。之后小康的生意越来越红火,客户也大多是回头客,打印店的面积也从原来的15平方米扩到了50平方米。
>
> 【思考】
> 小康是如何克服就业过程中的挫折,赢得客户的信服的?

一、创业概述

(一)创业的定义

创业是一个综合性很强的概念,它涉及的学科种类广泛,如经济学、心理学、管理学、社会学、人类学等。创业就是创业者对自己拥有的资源或通过努力能够拥有的资源进行整合优化,从而创造出更大经济或社会价值的过程。创业必须要贡献时间、付出努力,并承担一定的财务、精神和社会风险,同时获得金钱的回报、个人的满足和实现独立自主。

(二)创业的意义

1. 有利于缓解就业压力

创业能力是一个人在创业实践活动中的自我生存、自我发展的能力。一个创业能力很强的人不但不会成为社会的就业压力,相反还能通过自主创业活动来增加就业岗位,以缓解社会的就业压力。

2. 有利于学生谋求生存与实现自我价值

毕业生通过自主创业,可以把自己的兴趣与职业紧密结合,做自己最感兴趣、最愿意做和自己认为最值得做的事情,最大限度地发挥学生的才能。

3. 有利于促进中小型企业的快速发展

从国际经验来看,等量资金投资于小企业,它所创造的就业的机会是大企业的4倍。国外对中小型企业的发展一直比较重视,中小型企业常常是它们"经济的脊梁",而我国中小型企业较少,因此,鼓励应届毕业生自主创业有利于中小型企业的快速发展。

4. 有利于培养青年学生的创新精神

创新是一个民族的灵魂,是一个国家兴旺发达的不竭动力。青年学生作为中国最具活力的群体,如果失去了创造的冲动和欲望,那么中华民族最终将失去发展的不竭动力。创业活动有利于培养青年学生勇于开拓创新的精神,把就业压力转化为创业动力,培养出越来越多的各行各业的创业者。

(三)创业的类型

1. 根据创业的条件和目的分类,创业可分为生存型创业和机会型创业

(1)生存型创业。生存型创业又称为就业型创业,它是一种没有更好的选择,而不得不选择的一种创业形态。生存型创业者有以下几类:部分城镇下岗职工、部分流入城市的农民、部分刚刚毕业的学生以及其他人员。我国生存型创业占创业者总数的90%左右。生存型创业大多属于复制型创业和模仿型创业,集中在餐饮、美容美发等行业。这类创业形态规模较小,竞争激烈。

(2)机会型创业。机会型创业指创业者通过发现或创造新的市场机会,为追求事业有较大发展空间而选择的创业形态。机会型创业者通常具有明确的创业梦想,对创业机会善于识别和把握。如马云创办的阿里巴巴就属于机会型创业。

2. 根据创业的人员分类,创业可分为个人创业和团体创业

(1)个人创业。个人创业指创业者独自开店、开公司或创办企业。个人创业无须迎合其他合伙人或是顾及其持股者的意见和利益,整个创业过程按照自己的思路来经营和发展,利润归自己所有,但是要独自承担风险。如果要创办较大型的公司,资金来源会有困难,而且创业过程受到个人才能的限制。

(2)团体创业。团体创业指两人及两人以上的合伙人开店、开公司或创办企业。团体创业最大的优点是能够共同承担风险,提供创业意见,但其缺点是容易出现利益冲突、创业发展目标分歧以及合伙人中途退出等情况。

3. 根据创业主体性质分类,创业可分为独立创业、企业内创业、公司附属创业

(1)独立创业。独立创业也称"白手起家"创业,指创业者个人或是创业团队白手起家、完全独立地创建企业的创业活动。其主要特点为创业人员单一、权利义务统一、经营决策独立。独立创业可分为三种形式:一是创新型创业形式,即创业者通过新的产品或服务填补市场空白而进行的创业活动,如海尔"红薯洗"洗衣机;二是从属型创业,比如与大型企业协作,把其中一项业务或是几项业务外包，如加盟连锁知名品牌；三是模仿型创业，即以采取模仿和学习他人创业成功的榜样为特征进行的创业，如苏宁电器模仿国美电器的家电连锁经营模式。

（2）企业内创业。企业内创业指一些有创业意向的企业员工在企业的支持下，承担企业内部某些业务或工作项目，并与企业分享成果的创业模式。很多大型企业会内部孵化创业团队进行产品的研发和技术的研发。

（3）公司附属创业。公司附属创业指大型公司通过创建新的附属企业进行的创业，如华润集团旗下的华润万家。

4. 根据创业对市场和个人的影响程度分类，创业可分为复制型创业、冒险型创业、安定型创业、模仿型创业

（1）复制型创业。复制原有公司的经营模式进行的创业类型叫作复制型创业，如大街小巷里的超市。复制型创业在社会中出现的比率较高，成功的概率也较大，很多创业者采用的就是此类型的创业模式。但其缺点是科技创新贡献性低，缺乏创新性。

（2）冒险型创业。冒险型创业指一种难度高，失败率高，但所获得的报酬也很惊人的创业类型。这种类型的创业模式难度比较大，失败率较高，对个人的前途具有很大的不确定性。

（3）安定型创业。安定型创业指风险较小，也容易成功的创业类型。企业内部创业大都属于安定型创业。很多大型企业会内部孵化创业团队，比如阿里巴巴、腾讯、华为。例如，研发单位的某小组在开发完成一项新产品后，他们往往会继续在该企业部门开发另一项新品。

（4）模仿型创业。模仿型创业是指采取模仿和学习的方式而进行的创业活动。模仿型创业的特点是创新成分低，风险大，见效快，能够迅速进入目标市场，创业者是否接受系统的创业管理培训和掌握正确的市场进入时机并不是很重要。

5. 根据创业周期分类，创业可分为初始创业、二次创业、持续创业

（1）初始创业。初始创业是指从创业筹备开始，到企业或者事业的成功创办，并赚到第一桶金的过程。初始创业是一个从无到有的过程。

（2）二次创业。二次创业指企业在取得高速增长后，为了谋求进一步的发展而进行的内部变革的过程。二次创业是在企业成熟期时的再一次创业，对企

业的生存和发展有着举足轻重的作用。二次创业的目的是改善经营管理水平和改进现有产品和服务，是一种自上而下的创业过程。

（3）持续创业。持续创业是指企业不断地对服务、技术进行更新和研发的过程。

（四）中职生创业的主要模式

1. 加盟创业模式

加盟创业模式是最常见的创业模式，即一个人或几个人选择加盟品牌进行创业，如"雅漾护肤品专柜""CoCo奶茶""施华蔻知名烫染店"均为加盟创业模式。

2. 网店创业模式

网店的优点是不需要店铺租金和装修成本，小型网店可以不需要员工，节省人力成本。网店创业规模可大可小，5 000元左右就可以开一家小型网店。

3. 小型股份制公司创业模式

小型股份制公司对于家境比较富裕的中职生可采用。这种创业模式一般是以股份的形式合资进行的创业活动，家长和亲戚可作为后盾，提供资金支持。

4. 技术创业模式

中职生可发挥一技之长，通过自己的技术进行创业，同时可利用国家的创业优惠政策实现创业。创业地点可选在创业园、科技园、孵化园和写字楼等。

5. 创业大赛创业模式

创业者可通过创业比赛来获得资金和平台，通过平台熟悉创业程序、储备创业知识、累积创业经验。

二、创业素质

素质是一个人的才智、能力和内在涵养、体质、品质和素养的表现。创业素质既包括敢于创业的胆识，也包括创业的能力和条件，具有多面性的特点，它是创业行动和创业人物所需要的全部主体要素的总和。

（一）心理素质

创业者必须要有良好的心理素质，包括清晰的自我认识、不宜喜怒的情绪、坚韧的信心、强烈的进取心和刚强的性格等。良好的心理素质是创业者遇到困难时的精神支柱。

（二）身体素质

良好的身体素质是创业者的革命之本，只有身体健康、体力充沛、精力旺盛、思路敏捷才能够让创业者在繁忙的工作中承受来自各方面的压力。让创业进程能够顺利推进。

（三）知识素质

创业活动要求创业者必须要具有广博的知识，要有一专多能的知识结构。创业一般涉及的知识有以下几个方面。

1. 专业知识

专业知识指与创业目标直接相联系的知识体系，是从事本行业必须要掌握的基础知识。

2. 财务管理知识

掌握财务管理知识，能够使创业者合理有效地运用和调配资金来获得更多的利润。

3. 经济管理知识

经济管理知识可帮助创业者懂得如何在市场经济的商业模式下，更有效地指导企业的经营活动。经营管理知识涉及创业实践活动的全过程，包括创业实践中的人员安排以及资金管理。

4. 金融知识

金融知识涉及资金的获得途径与投资风险等多方面，如银行贷款的资金来源、股票、债券的融资来源等。

5. 商业知识

创业者必须具备一定的商业知识才能够让业务顺利开展起来。基本的商业知识有：合法的开业、消费者心理、定价和营销策略、产品知识、货物种类、货物运输与保管等。

6. 税收知识

税收关乎公司的信誉好坏、发展前途等。创业者必须要了解的税收基础种类有企业所得税、营业税、增值税、城市维护建设税、车船使用税、消费税、印花税、关税等。

7. 法律知识

创业是一项具有风险的活动，随时可能触犯国家的法律、法规，因此创业者必须了解相关的法律知识，才能够在法律、法规的允许范围内依法营业。创业者应了解的基础法律知识有《中华人民共和国公司法》《中华人民共和国合同法》《中华人民共和国劳动法》《中华人民共和国反不正当竞争法》《中华人民共和国产品质量法》《中华人民共和国商标法》《中华人民共和国消费者权益保护法》等。

（四）创新素质

创新素质是创业者在创业过程中应具备的基本素质，是企业发展的原动力，创新素质主要表现为敢于创新、追求卓越、不惧风险、团结协作、坚持不懈等。

（五）能力素质

能力素质指创业能力，创业能力可分为"硬件"和"软件"两部分，"硬件"是指创业过程中的人力、物力和财力，"软件"是指创业者的个人能力。创业者在创业过程中，至少应具备以下能力：创新能力、分析决策能力、交际能力、预见能力、用人能力、激励能力、应变能力等。

案例解析

● 小康是如何克服就业过程中的挫折，赢得顾客的信赖的？

小康的创业过程并不是一帆风顺，起先因为顾客的要求达不到而亏损，后来每天都花上1~2个小时学习专业知识，并推出不满意不收钱的营销服务活动。因为坚持的学习和良好的服务态度，小康赢得了顾客的信赖，并且生意越做越好。

第二节 创业背景与政策

> 小钱出生在安徽农村,他在学校期间用勤工俭学积累的资金,注册成立了陕西省第一个由在校生创办的公司。
>
> 小钱的公司定位于整合学校的资源市场和媒体开发,也就是通过直邮广告、食堂的看板广告、阅报栏等形式帮助企业在校园内推广品牌。这个创业想法得到了学校的支持,并将其推荐给了团省委。通过团省委的积极指导,小钱参加了中央组织的"首届中国青年创业周"活动,获得了一系列荣誉,并给自己的公司树立了市场口碑。创业之初,小钱面临的困难就是资金不足。好在国家有关政策规定:学生创业有好的创意,就可以申请20万元~50万元的创业基金,并享受减税、免税等优惠政策。不久后,小钱得到了一笔由国家支持的50万元的"中小企业创新基金"。这笔无偿贷款帮助他不断拓宽自己的业务领域,使公司发展得越来越好。
>
> 【思考】
> 小钱享受到的创业优惠政策有哪些?

一、创业时代

(一)创业政策法律的支持

由于毕业生就业形势的严峻性和我国对中职生创业的重视,中央政府和各地方政府出台了一系列扶持毕业生创业的优惠政策。

1. 税收优惠

毕业生持人社部门核发的就业创业证(注明"毕业年度内自主创业税收政策")在毕业年度内(指毕业所在自然年,即当年1月1日至12月31日)创办个体工商户、个人独资企业的,3年内按每户每年8 000元为限额依次扣减其当年实际应缴纳的营业税、城市维护建设税、教育费附加和个人所得税。对于毕业生创办的小型微利企业,根据营业利润情况,按国家规定可享受相关税收支持政策。

2. 创业担保贷款和贴息

符合条件的大中专学生自主创业，可在创业地按规定申请创业担保贷款，贷款额度最高可达 10 万元；对合伙人经营和组织起来的就业，按人均不超过 10 万元、总额不超过 100 万元给予小额担保贷款，贷款期限内给予全额贴息，展期不贴息；对已经通过小额担保贷款扶持实现成功创业，按时足额还清贷款并带动 3 人以上就业的，可提供二次小额担保贷款扶持。

（二）免收有关行政事业性收费

毕业 2 年以内的毕业生从事个体经营（除国家限制的行业外）的，自其在工商部门首次注册登记之日起 3 年内，免收管理类、登记类和证照类等有关行政事业性收费。

（三）享受培训补贴

对毕业生创办的小微企业，即从毕业生毕业前一年 7 月 1 日起的 12 个月内参加创业培训，根据其创业培训合格证书或就业、创业情况，按照规定给予相应的培训补贴。

（四）免费创业服务

（1）有创业意愿的学生，可免费获得公共就业和人才服务机构提供的创业指导服务，包括政策咨询、信息服务、项目开发、风险评估、开业指导、融资服务、跟踪扶持等"一条龙"创业服务。

（2）各地在充分发挥各类创业孵化基地作用的基础上，因地制宜建设一批学生创业孵化基地，并给予相关政策扶持。对基地内学生创业，企业要提供培训和指导服务，落实扶持政策，努力提高创业成功率，延长企业存活期。

（3）各地区、各有关部门要进一步落实和完善工商登记、场地支持、税费减免等各项创业扶持政策。

（五）取消毕业生落户限制

允许毕业生在创业地办理落户手续（直辖市按有关规定执行）。

(六) 允许休学创业

对有自主创业意愿的学生，实施弹性学制，放宽学生修业年限，运行调整学院进程，保留学籍进行休学创新创业。

(七) 放宽创业市场的准入条件

（1）社会各类合法公民均可以创业。毕业生创业的比例逐年上升，中职生、高等院校毕业生等都可进行创业，创业门槛降低。

（2）放宽住所（经营场所）登记条件，推动"一址多照"，按规定下放企业登记管辖权限。即可在家庭住宅或租用居民住宅登记经营场所，同一个住所最多可登记5个商事主体。

（3）实施"三证合一"制度，实现"一照一码"。即可以将工商营业执照、组织机构代码、税务登记证三证合一，通过"一口受理、并联审批、信息共享、结果互认"，实现由一个部门核发加载统一社会信用代码的营业执照。

（4）实行"先证后核"制度，已经取得生产许可证、经营许可证的企业，在变更、延续换证时，可予以先行办理。

(八) 开展创业比赛

全国高、中等职业院校为了提高在校生的职业定位，培养其职业技能，各地均办起了创业比赛。创业比赛为在校生创造了一个提前进入职场的模拟机会。在创业比赛的过程中，学校还能给学生提供创业指导，让学生提高自我的核心竞争力和社会适应能力，同时让他们了解创业过程的风险、复杂和艰辛。

(九) 市场经济创业氛围浓厚

市场经济是一个开放、自由、公平、高效的环境，能有效地降低创业带来的风险，市场经济的中国社会，出现了一批批敢于创业、成功创业的先锋，为市场经济来了浓厚的氛围。

二、中职生创业的优势

(一) 中职生的创业意识

毕业生创业受到国家的重视和关注，而中职毕业生创业是重要的主体之一。中职生的创业意向比例比高职生、本科生和研究生都高。雷奕超在《中国教育报》上发表的《中职创业教育——不该被遗忘》表明，学历越高的毕业生创业意愿反而越低，本科及以上学历的受访者有创业意愿的只占18.3%，而中学及中职学历的受访者有创业意愿的达到41%。中职生虽然毕业只有十八九岁，但中职生中有创业想法的比例为50.85%，因此，鼓励中职生创业是解决中职生就业的关键问题。鼓励中职生创业既能体现中职生的社会价值，也是中等职业学校应对当前就业形势严峻的重要措施，同时也是来自一部分中职生自身的理想。

（二）中职生创业的优势

（1）年轻、精力旺盛，具有创业的革命之本。

（2）具有专业知识的教育背景，有一技之长，技术上的问题领悟快。

（3）了解从事行业与企业的基本要求。

（4）互联网应用能力强，领悟快。

（5）敢做敢想，勇于创新。

（6）接收新鲜事物快，思想接纳性高。

（7）务实的创业观。

（三）中职生创业的劣势

（1）缺乏社会经验和职业经历，社会见识少。

（2）喜欢纸上谈兵，创业设想过于理想，而忽略了现实的残酷性。

（3）心理承受能力差，自信心不足，面对挫折容易放弃。

（4）心智没有完全定型，思想价值观处于摇摆不定的状态，容易受到负面信息的影响，决策能力较低。

（5）融资困难，资金短缺。

（6）创业项目容易缺乏商业前景，创业点子经不起市场考验。

（7）好高骛远，急功近利。

（8）创新性低，知识结构相对比较单一。

案例解析

● 小钱享受到的创业优惠政策有哪些？

小钱是一名在校生，他的创业属于学生创业，他在创业期间受到的创业优惠政策有：

第一，受到创业担保贷款和贴息。第二，享受减免税优惠政策。第三，获得免费创业服务。以上三点是案例中小钱享受到的较为明显的优惠政策，但实际上，他还享受到其他政策优惠，如免收有关行政事业性收费、享受培训补贴、取消落户限制等政策优惠。

第三节　创业融资

小叶从某中等职业技术学校毕业回到老家后，一直没有找到如意的工作，他看到自己居住的小区有一家小型超市生意很红火，于是便有了自己开超市的想法。经过四处打听，小叶了解到开这样一家小型超市要8万元左右的启动资金。小叶想向银行贷款，但想到自己没有工作经验，银行也不可能给自己做信用贷款，于是他放弃了此想法。后来小叶向自己的父母寻求帮助，父母说可以给他资助3万元，然后用家里的房子去抵押贷款。小叶在家人的帮助下用房子向银行进行抵押贷款，拿到了10万元的贷款。经过一系列的手续，小叶如愿以偿地在自家小区外面开了一家小型超市。

广东某公司以生产装饰型电风扇为主，产品主要通过香港的关联公司销往海外，年销售额6 000多万元，纯利润超过1 000万元。由于最近扩大业务，该公司向多家国有银行申请贷款融资，却因在国内银行没有好的现金流量和信用记录，始终无法获得银行贷款。

【思考】
1. 小叶开超市的资金来源是什么？
2. 创业过程中筹集资金有哪些方式，应注意些什么？
3. 广东某公司为什么没能成功申请到贷款？

一、融资概述

（一）融资的定义

融资是企业根据未来的发展需要，通过合理的筹资方式或渠道，运用筹集资金，以满足后续经营的一种经济行为，即一个企业资金筹集的行为与过程。

（二）融资的动机

一个企业的融资动机可分为三类：一是扩张性动机，如扩大生产经营规模、对外投资；二是调整性动机，主要是调整资本结构；三是混合性动机。

（三）融资的原则

1. 规模适当原则

企业应在不同时期预测企业需要的资金数量，确定合理的筹资规模，避免因资金筹集不足，影响生产经营的正常进行。同时也要避免资金筹集过多，造成企业的资金闲置。

2. 方式经济原则

在确定筹资数量、筹资时间、资金来源的基础上，企业在筹资时还必须认真研究各种筹资方式。

3. 筹措及时原则

企业须熟知资金时间价值的原理和计算方法，以便根据资金需求的具体情况，合理安排资金的筹集时间，适时获取所需资金。

4. 资金结构合理原则

资金在企业中各个部分的用途和安排必须适时、适中，合理安排资金结构，保持适当的偿债能力，可以降低企业成本，减小企业面临的风险。

5. 资金来源合理原则

资金来源必须在合法的法律范围内进行，不可进行违反法律、行规的操作，这样才能维护各方的合法权益。

二、创业融资的渠道和方式

（一）创业融资的渠道

融资渠道通俗地讲是指取得资金的途径。融资渠道主要是由社会资本的提供者及数量分布所决定。

创业融资的渠道是指在创业过程中，创业者通过各种方式到融资市场上筹集或贷放资金的行为。创业融资渠道主要有：国家财政金、自我融资、亲情融资、众筹、风险投资、创业板上市和商业银行贷款等。

（二）创业融资的方式

创业融资的方式是指创业者筹集资金的具体形式和工具，即创业者如何取得资金，采用什么样的融资工具来取得资金。创业融资的方式有：银行贷款、合伙融资、个人创业贷款、商业抵押贷款、天使投资、私募股权融资、风险投资、民间资本和互联网融资等。

【知识链接】

> 私募股权融资：指不采用公开的方式，而通过私下的方式与特定的投资人（投资公司）或债务人（银行等）商谈，向特定投资人出售股权进行的融资行为，包括股票发行以外的各种组建企业时的股权筹资和随后的增资扩股等。
>
> 风险投资：指投资人对创业企业投入大笔资金，以谋求高额回报的投资形式。
>
> 天使投资：指自由投资者或非正式风险投资机构对原创项目构思或小型初创企业进行的一次性的前期投资，它是风险投资的一种。
>
> 债权融资：指企业通过举债来筹集资金，资金供给方作为债权人享有到期收回本息权利的融资方式。
>
> 自我融资：创业者将自己的部分或是全部财富投入到创业活动中，即创业者自己投资该企业。

三、创业融资的困境

创业融资的困境是指创业者在创业过程中因资金的周转而出现的财务困难。通常创业融资的困境主要有以下三方面的原因。

（一）创业企业缺少可以抵押的资产

创业企业几乎没有可以提供抵押的资产。银行要为创业企业提供资金，比为其他企业提供资金要面临更大的风险。因为既有企业在获得银行贷款资金时，可以用企业的资产作为抵押。

（二）创业企业没有可供参考的经营记录

创业企业没有以往的经营业绩能提供相应的资料，所能提交的不过是一份商业计划书，其未来的经营情况具有更大的不确定性。

（三）创业企业的融资规模小

当创业企业向银行申请贷款时，其申请金额往往比既有企业小，而银行办理一次业务的成本相差不大，使得创业企业的单位融资成本远远高于既有企业。同时，创业企业一般是中小型企业，而银行对中小型企业贷款的管理成本为大型企业的5倍左右，银行理所当然愿意向大型企业而不是向创业企业提供贷款，因而加剧了创业企业融资的难度。

四、创业融资需求的阶段性特点

创业融资需求具有阶段性特点，不同的阶段其特点不同。

（一）种子期

种子期，也就是创业的酝酿期，这一时期的企业还未成型，产品或者服务还只是一种设想，产品的发明需要投入大量的资金来进行研究，进而开发出样品。这个阶段企业面临的风险大，只能依靠自我融资、亲朋好友接济、国家创业基金或天使资本等方面，此阶段想要获得银行贷款比较困难。

（二）启动期

启动期也就是企业开始进入市场的时期，这一时期企业的经营风险很高，所需的资本增大，想要获得银行贷款的难度也较大，这个阶段的资金来源与种子期几乎一样。

（三）成长期

企业经过种子期和启动期的艰难，终于存活了下来，有了稳定的客户，并且开始进入正轨，这时便进入了成长期。成长期的企业对资本的需求量增大，尤其是对现金需求量增加，这个阶段的资金来源主要是创业投资。

（四）成熟期

成熟期分为成熟前期和成熟后期，成熟前期的资本需求量大，这个阶段主要通过创业投资、创业板发行股票来获得资金。成熟后期的资本需求量较稳定，企业进入稳定发展时期，有了一定的资产规模，这个阶段的资金来源比较多样，如银行贷款、商业信用贷、股票融资、债券融资等方式。

企业进入成熟期后，债券、股票等资本市场可以为企业提供丰富的资金来源。如果创业者选择不再继续经营企业，还可以选择公开上市、管理层收购或其他股权转让的方式退出企业，收获自己现阶段的成果。

五、创业融资的基本流程

（一）撰写商业计划书

融资首先得要一份商业计划书。商业计划是投资人是否投资公司的一个重要指标，一份好的商业计划书可以让创业者获得融资。

（二）找投资人

投资人也就是创业资金获取的方式，创业者应利用各种方法找到投资人。

（三）路演

路演，是在公开场合通过项目演说、产品展示、理念传输的方式向他人推广自己的公司、团体、产品及想法的一种方式。路演有时间的限制，一般以8分钟为准（这是国际标准的路演方法）。8分钟的路演主要是提出问题和提出解决方案。参与有组织的路演能让创业者一次性接触许多投资人，从而节省大量成本。

（四）与投资人约谈

路演给投资人留下了好的第一印象。第一印象过关后，创业者就有机会与投资人展开私密的约谈了。

（五）签署意向文件

与投资人确定好约谈的主题后，就可以确定投资意向，约定投资目标的范围、价格、融资方式、信息保密协议、投资方与融资方的职责、交割前提和条件、投资相关主要商业内容等。约谈后的意向文件不具有法律约束力，任何一方可以随时终止合作，意向文件是作为后续确定的有法律依据文件的依据。

（六）尽职调查，确定框架

这一过程主要是了解公司情况，如法律和财务情况，发现企业存在的问题，确定问题性质和程度，并提出分析解决问题的方案。

（七）协商谈判，签署法律文件

创业者和投资方通过协商谈判，确定全部条款并签署一系列投资合同，合同具有法律效应。合同中可能会涉及一些股权、证照的变更等。

（八）股权变更

此步骤需与工商局部门、银行等机构协同完成。

（九）获得注册资金

投资正式到账。创业者要遵照预算及协议中的相关规定行事。

（十）主动联系投资人汇报公司状况

以一定的频率（月或季）向投资人提交公司的财务报表及运营报表。

（十一）准备下一轮融资

一轮融资到账时就该考虑下一轮融资了。接触更多的投资人也利于开阔眼界，并获取更多关于产品及公司的建议。

六、创业融资如何规避风险

（一）创业融资面临的主要风险

1. 债务融资风险

债务融资是指通过银行或非银行等金融机构贷款或发行债券等方式融入资金。债务融资的特点：融资过程简易、融资速度快、融资成本低，企业还能享受财务杠杆作用等多种因素带来的好处。但企业一旦取得债务性资金，就必须按期还付本息，对企业的生产经营来说有不小的压力，企业必须承担按期付息和到期还本的责任，此种责任是公司必须承担的，与公司的经营状况和盈利水平无关。当公司经营不善时，有可能面临巨大的付息和还债压力，导致资金链破裂而破产，因此企业发行债券面临的财务风险较高。

2. 股权融资风险

股权融资主要指通过发行股票的方式融入资金。股权融资中股本没有固定期限，无须偿还。股权融资渠道的优点是企业不用承受股票到期还本、付息的压力，也没有股利负担，风险相对较小。但是企业也面临一定的风险：一是控制权稀释风险。当投资者获得了企业的一些股份后，企业原本股东的股权就会被分割、减弱，有的小股东甚至会失去控股权。二是机会风险，企业由于参与了股权融资，便会失去其他融资方式带来的融资机会。三是经营风险，企业股东在公司的战略、经营管理方式上可能与投资人有较大的分歧，让企业的经营决策变得困难而摇摆不定。

3. 国家政策和外部市场环境的影响

国家政策和外部市场环境对企业融资都有很大影响，影响因素包括产业政策、利率、资本市场的发达程度、通货膨胀等，而利率和汇率水平的高低对企业融资成本有直接影响。当国家经济处在货币紧缩状态下时，企业可能会面临贷款难、利息高、成本上升、无法还本付息的风险，这使企业的融资成本高，内部财务风险增加，容易遭受损失。当然，国际货币市场汇率的变化也会为企业带来外币的收付风险，尤其是以出口贸易为主的企业。持续的通货膨胀会让企业所需求的资金不断增加，资金的供应就会出现不足，货币性资金不断贬值，市场物资的价值上升，资金成本也不断提高。这些因素都会给企业带来不小的冲击，如果融资失误，企业的财务风险便会直线上升。

4. 企业融资过程的陷阱

风险投资、私募股权等各种融资方式的出现带给了企业更多的融资机会，也让融资渠道变得更广泛，但机遇始终与挑战并存，一些错误的融资信息也会给企业带来严重的损失。例如，在融资市场中，一些以投资为名的诈骗手段纷纷出现，它们用优越的条件吸引企业，要求企业做商业计划书或请律师做调查，并收取一部分费用，接着收取考察费、调研费、接待费。当谈到融资时，投资方让企业去指定的融资机构，交评估费，最后以某个借口为由，最终不投资，而在这个过程中产生的大笔费用都需要企业来买单，这无疑给企业带来了严重的融资风险。

（二）创业融资的风险规避

1. 增强融资风险防范意识

首先，招聘有实践经验的人员，特别是有实践经验的财务人员，以便强化融资决策的科学性。其次，参与企业服务局组织的关于创业企业领导者进行的有关财务知识组织的培训，增强综合素质，提升管理能力。最后，自我学习相关知识。

2. 确定融资结构

第一，确保创业企业资产能够适当地流动，积极避免无法及时偿付到期债务而引起的财务危机。第二，确定债务资本与权益资本的合理结构。

3. 遵守行业竞争秩序的规范

国家从宏观层面上对各个行业的秩序进行规范，为行业的发展提供了保障，降低了行业风险，并减少了融资障碍。同时企业也应在法律内合法运营，自觉遵纪守法，反对不正当竞争和发展。

4. 健全企业管理机制

确保企业内部管理人员的合理分配、企业持股人数和分配比例恰当、管理制度健全，保证企业有效运营。

5. 创造良好的企业信用记录

企业要增强信息透明度，强化信用意识，树立良好的企业形象，增加企业信用度。

6. 提高创业者的综合素质

创业者作为企业的领导者，其素质的高低直接决定着企业的成败。作为创业者应有良好的综合素质，并具有持续不断的学习能力，为企业塑造良好的企业人榜样。

案例解析

● 小叶开超市的资金来源是什么？

小叶开超市的资金来源有亲情融资和银行贷款。亲情融资是小叶父母资助的3万元。银行贷款是小叶用房子作为抵押物抵押的10万元。

创业过程中筹集资金有哪些方式，应注意些什么？

创业过程中筹集资金的方式有：银行贷款、合伙融资、个人创业贷款、商业抵押贷款、天使投资、私募股权融资、风险投资、民间资本、互联网融资。在企业的经营过程中应以国家利益为中心，尽可能地增加企业的透明度，强化企业的信用意识，提高企业的信用度。

● 广东某公司为什么没能申请到贷款？

广东某公司以生产风扇为主，该公司在想要扩大生产规模的时候向国内多家银行申请贷款却遭到了拒绝，主要的原因在于该公司的企业信用度没有达到银行的认定标准。

第四节 创业风险

顶呱呱集团源于1996年，20年专注于企业服务。20年来服务了15个国家，服务项目超过500种，创造了服务逾100万家企业的成功案例。以全球企业多元化服务为载体，顶呱呱率先构建了一站式企业服务平台，旨在为全球企业及商务精英人士提供多方位的企业咨询、诊断以及解决方案。20年如一日，今天的顶呱呱已拥有超过2 500人的专业服务团队，与5 000家大中型企业签署了长期合作协议，与近20万家中小型企业签署了战略帮扶协议。

某电商平台通过鲜明的标签在创办之初就迅速得到了资本市场的青睐。2016年初，该电商平台的CEO拿到了2 000万元的A轮融资，她将用户群定位于95后，其供应商主要是淘宝店家。用户下单后，他们再通过淘宝将商品拍下，继而由淘宝卖家发货给用户。这个模式的估值当时达到了6 000万元，并且投资人对该电商平台的CEO赞誉不断。但2016年7月，该电商平台被爆出多种负面新闻，当时有投资人说："他们的问题或许部分是因为一个心智未全的少女CEO过早地接触了太多诱惑。在某种意义上，资本还来不及让她成熟，她却被资本越带越远。"仅仅几个月后，该电商平台官网关闭。

【思考】

顶呱呱集团的成功和某电商平台的失败，告诉我们在创业过程中应注意哪些问题，要如何避免？

一、创业风险的概述

（一）风险的定义

风险是指企业在未来经营中面临的可能对其经营目标产生影响的所有不确定的可能性。风险具有客观性、普遍性、必然性、可识别性、可控性等。

（二）创业风险的定义

创业风险指由于创业环境的不确定性，创业机会与创业企业的复杂性，创业者、创业团队与创业投资者的能力与实力的有限性，而导致创业活动偏离预期目标的可能性及其后果。

（三）创业风险的特点

1. 客观性

由于内外部事物发展的不确定性客观存在，因此创业风险必然客观存在，它不以人的意志为转移。即使是已经成熟的企业也面临着各种各样的风险，如天灾、人祸等客观存在的风险。

2. 不确定性

创业风险的发生不是定时、定点、定量的，创业风险的发生具有不确定性，人们只能进行预测，但是不能准确地预测。创业者面临的创业中的各种不确定因素很多，如新技术难以产业化、政策调控等。

3. 损失收益双重性

创业会带来风险，但是同时也会带来收益，风险越高，收益可能越大。对于创业者而言，为了获得潜在的创业收益，必须要具备承担相应的创业风险的能力。

4. 相对性

创业风险根据创业项目、创业时间以及政策调控的不同，风险也会随之变化；创业者不同，风险认知也不同。比如技术提高对于知识科技型的创业者来说是低风险，但对于农民工来说则是高风险。

5. 可变性

当创业的内部与外部条件发生变化时,必然会引起创业风险的变化。如投资方负责人的变动,从而不再对其进行投资,会加剧创业的风险。

6. 可测量性

创业风险可以通过定性或定量的方法对其进行估计。如计算机人员的编程能力在一定程度上能够被估量,为了预防创业风险,创业者加大对编程人员的培训,并加大对产品的技术资金投入。

二、创业风险的类型

(一)按风险影响的范围分类

按风险影响的范围分类,创业风险可分为系统风险和非系统风险。

1. 系统风险

系统风险主要指源于创业者或创业之外的、来自创业环境中的风险。创业者或创业企业无法对此类风险进行控制或施加影响,又称不可分散风险,如市场风险、环境风险等。

2. 非系统风险

非系统风险主要指创业者自身或是企业本身的风险。创业者或企业可以通过一定的手段进行预防和分散,如技术风险、财务风险、管理风险和生产风险等。

(二)按风险内容的表现形式分类

按风险内容的表现形式分类,创业风险可分为环境风险、管理风险、技术风险、市场风险、财务风险和经济风险。

1. 环境风险

环境风险是指所处的社会环境、国家政策环境、意外灾害等变化而导致创业者或企业蒙受损失的可能性。例如,政府可能会基于整个社会的利益而在产品开发成功后进行某些限制。因此,创业者必须重视环境风险的分析和预测,把环境风险降到最低。

2. 管理风险

管理风险是指因创业企业管理不善而产生的风险。管理风险主要包括创业者素质风险、决策风险、组织风险等。

3. 技术风险

技术风险是指由于技术方面的因素及其变化的不确定性而导致可能创业失败的风险。技术风险主要包括技术成功的不确定、技术前景的不确定、技术效果的不确定、技术寿命的不确定、配套技术的不确定等。

4. 市场风险

市场风险是指由于市场情况的不确定导致创业者或创业企业损失的风险。市场风险主要包括市场需求的不确定、市场接受时间的不确定、市场竞争力的不确定、市场战略的不确定。

5. 财务风险

财务风险指由于企业财务结构不合理或融资不当，导致企业丧失偿债能力而面临收益下降或破产的风险。财务风险包括筹资风险、投资风险、现金流风险。

6. 经济风险

经济风险是指由于宏观经济环境发生大幅度波动或调整而使创业者或创业企业蒙受损失的风险。

（三）按对所投资金分类

按对所投资金分类，创业风险可分为安全性风险、收益性风险和流动性风险。

1. 安全性风险

安全性风险是指从创业投资的安全性角度来看，不仅预期实际收益有损失的可能，而且创业者或创业企业的其他财产也可能会蒙受损失，即投资方的财产安全存在危险。

2. 收益性风险

收益性风险是指创业者或创业企业的资本和其他财产不会蒙受损失，但预期实际收益有损失的可能。

3. 流动性风险

流动性风险是指创业者或创业企业的资本财产和预期实际收益不会蒙受损失，但资金有可能不能按期转移或支付，造成资金的停滞，使投资方蒙受其他方面的损失。

（四）按是否可通过保险转嫁分类

按是否可通过保险转嫁分类，创业风险可分为可保风险和不可保风险。

1. 可保风险

可保风险是指可以通过购买保单、支付保险费向保险公司进行转嫁的风险，如员工医疗保险、养老保险、失业保险、工伤保险、生育保险、交通车辆的第三者责任险、建筑物的火灾保险等。某一个保险对象一旦发生损失事故，就可以从该保险公司获得补偿，以减少损失。

2. 不可保风险

不可保风险指由于风险发生的概率不确定，或处于相同风险中的标的数量不够多，而导致相应的保险品种缺失而不能使风险在风险标之间进行分解。

三、创业风险的管理

创业风险的管理是指创业者对创业风险进行识别、衡量、分析、评价，并在此基础上有效地处置风险，以最低成本实现企业最大安全保障的科学管理过程。创业必然有风险，不可避免，但是创业风险在某种程度范围内是可以控制和预测的，因此创业者必须主动认识风险，积极地管理风险，有效地控制风险，以保障创业企业的生存和成长。创业风险管理的流程和方法有以下几方面。

（一）风险识别

风险识别是风险管理的第一步，是指在风险事件发生之前，运用各种方法对风险进行的辨认和鉴别，是系统地、连续地发现风险和不确定性的过程。风险识别是一个复杂的系统工程，是对整个企业的各个方面进行识别过程；同时风险识别也是一个连续性的工作，要跟随企业的变化而调整。风险识别的主要内容包括识别风险存在的主要领域、识别引发风险的主要因素、识别风险性质以及判断风险后果。

（二）风险评估

风险评估指在风险识别的基础上，运用一定方法（概率论与数理统计）对某一特定风险事件发生的频率和损失（收益）做出估计，为选择风险应对技术提供依据。风险评估的基础是数据完整一致，且数据要与风险评估主题相关、必须有组织排列。创业者要能够量化测评某一事物或事件带来的影响或损失的可能程度。

（三）风险应对方法

在风险评估的基础上，选择最佳的风险管理技术，采集及时有效的方法进行防范和控制，使得创业风险产生的损失最小，以达到最大的安全保障。风险应对方法具体如下。

1. 风险回避

风险回避主要是指放弃某一计划或方案，以中断风险来源，从根本上消除特定的风险。风险回避可能会带来另外的风险，还可能会影响企业的经营目标。采用风险回避的两种情况：一是当某种特定的风险所致损失的频率或者损失的幅度相当高时；二是采用其他方法管理风险不符合成本效益原则时。

2. 风险转移

风险转移主要是指为了避免承担风险损失，通过采取出售、转让、保险等方法，将部分或全部风险转移出去，让第三方承担风险的后果。

3. 风险防范

风险防范主要是指为了在风险事件发生之前，调整或重组企业经营过程中的某些方面，通过一定的手段预防和分散风险，以降低风险发生的概率和带来的损失。风险防范的范围有：机会选择风险的防范、人力资源风险的防范、技术风险的防范、管理风险的防范和财力风险的防范。

4. 风险自留

风险自留主要是指企业自己承担风险，主要途径有将损失纳入生产经营成本或损失发生时用企业的收益补偿。风险自留常常在风险所致的损失概率和幅度较低、损失短期内可以预测以及最大损失不影响创业活动的情况下采用。

5. 损失抑制

损失抑制主要指当风险发生时，或是风险发生后，采取措施来减小损失发生的范围或损失严重的程度。通常适用于外部事件，因为企业往往难以驾驭外部事件是否发生及其发生的频率。

● 顶呱呱集团的成功和某电商平台的失败，告诉我们在创业过程中应注意哪些问题，要如何避免？

顶呱呱集团的成功和该电商平台的失败告诉我们创业必有风险，要认识到风险存在的客观性、相对性、可变性、损失收益双重性、不确定性和可测量性，并依据风险的不同形式和内容识别风险的类型，如环境风险、管理风险、技术风险、市场风险、财务风险和经济风险等进行风险管理，在不同的内容上应有不同的策略方式。

该电商平台的创业过程可谓大起大落。公司的 CEO 在 2016 年初拿到了 2 000 万元的 A 轮融资时，没有对市场进行调查，因此对市场风险没有一定的识别和把握，在财务和管理上也并没有进行详细的计划。此外，该电商平台的创业类型属于类似复制模仿型创业，她的创业思想已经跟不上社会的发展，同时国家的政策和社会环境让代购模式越来越规范和严格。在某种程度上，该电商平台选择的创业行业已经是一个难以发展的行业。该电商平台的 CEO 作为一个创业者，本身没有很好地体现出应有的知识素质、创新素质、能力素质，这些都是她创业失败的因素。

【讨论与思考】

1. 创业的类型有哪些？
2. 创业必备的素质有哪些？
3. 适合中职生创业的类型有哪些？
4. 简述扶持中职生创业的政策。
5. 简述创业融资的渠道和方式。
6. 如果你要创立一个公司，应从哪些方面规避创业风险？

第七章 创业程序

【学习要点】

1. 了解创业机会的来源。
2. 学会对创业机会进行识别和评估。
3. 了解创业项目的选择原则和策略。
4. 学习撰写创业计划书。
5. 了解新企业的创办过程。

第一节 创业机会与项目

案例

梁伯强,广东中山圣雅伦公司总经理,中国"隐形冠军"形象代言人,同时被誉为"指甲钳大王"。1998年底,梁伯强在看报纸时发现了一篇文章,这篇名为《话说指甲钳》的文章让梁伯强的命运从此改变。文章写道,当时的朱镕基总理在参加一次会议时讲道:"要盯住市场缺口找出路,比如指甲钳子,我没用过一个好的指甲钳子,我们生产的指甲钳子,剪了两天就剪不动指甲了,使大劲也剪不断。"朱镕基总理以小小的指甲钳为例,要求轻工企业努力提高产品质量,开发新产品。梁伯强正是从这句话中发现了指甲钳的商机。

> 【思考】
> 怎样才能发现创业机会?

一、创业机会

(一)创业机会的定义

创业机会主要指有较强吸引力、较为持久且有利创业的商业机会,创造者抓住商业机会为客户提供有价值的产品或服务,并同时使创业者获益的契机。创业机会一定来自市场的需求和变化。

(二)创业机会的特征

1. 普遍性

凡是有市场、有经营的地方,客观上就存在着创业机会。创业机会普遍存在于各种经营活动之中。

2. 偶然性

对于一个企业来说,创业机会的发现和捕捉带有很大的不确定性,任何创业机会的产生都有"意外"因素。

3. 及时性

创业机会存在于一定的时空范围内,随着产生创业机会的客观条件的变化,创业机会就会相应的消逝和流失。

4. 时代性

不同时代的创业机会不同,如 20 世纪 80 年代选择制造业的创业成功率较大,而当今选择高科技、低碳环保等行业的创业成功率较大。

5. 隐蔽性

创业机会隐藏在人们生活的各个行业中,这要求创业者要有敏锐的头脑发掘潜在的商机。

(三)创业机会的来源

1. 技术变革机会

技术变革机会是指技术变革带来的创业机会。当今时代发展快速,各行各业的技术也在不断更新,这些技术上的改进或是更新都为技术变革带来了新的创业机会。技术变革是创业机会的重要来源,使得人们创造新企业成为可能。如由传真、信件交流方式变为电子邮件的交流方式。

2. 政策和制度变革机会

政策和制度变革机会是指通过政府政策的制度变化为创业者带来的商业机会。不同的时代,国家对创业的支持力度和扶持项目的方向会发生变化,因此,创业机会和政策制度紧密相连。

3. 社会和人口结构变革

社会和人口结构变革是指不同的社会时期,因社会和人口的结构变化而给创业者带来的创业机会。社会和人口的变化会改变人们对产品和服务的需求,对社会发展也会提出不同的要求,新的要求必定会伴随着新的行业诞生,新的行业的诞生便是创业机会的来源之一。

4. 产业结构变革机会

产业结构的变革是指在社会的发展过程中,新产业的出现和旧产业的消退让产业结构发生了变化而产生的创业机会。例如,随着经济全球化的发展,西方国家的产业迁移给我国带来了市场机会。西方产业中的技术要求、人才要求又间接地对我国的一些产业结构进行了调整。

5. 行业发展机会

行业发展机会是指行业根据社会发展需求而带来的创业机会。行业不可能行行饱满,有的行业刚萌芽,市场需求大,那么抓住行业发展对市场的供求关系进行创业,会是一个不错的选择。

6. 地区环境机会

地区环境机会是指利用地区环境的优势来创业的机会。不同地区对经济发展的结构安排不同,创业者要善于抓住地区优势进行创业,如到大西北地区发展洁净能源工业、旅游和现代服务业;到西南地区发展汽车与装备工业、生物制药、机械电子、生态农业等行业。

（四）创业机会的识别

创业机会的识别是指创业者识别新的创业机会的过程，是创业的初始阶段。

1. 创业机会识别的影响因素

创业机会的识别主体在于人，不同的人在不同方面对创业机会的识别有不同的认识和影响。具体影响创业机会识别的因素有以下四个方面。

（1）先前经验。具有行业先前经验的人，能更加敏锐地识别机会，找到未被满足的利基市场，从而大大缩短创业时间。

（2）认知因素。对行业的警惕性认知、行业的规则认知、行业的前景认知、行业需求认知等都是创业者认知的"第六感"。认知因素是影响创业机会识别的重要因素，也是创业成功的关键因素。

（3）社会关系网络。社会关系网络是创造者识别创业机会的主要来源，社会关系网络包括同学、朋友、同事、陌生人等。强有力的社会关系网络所带来的信息来源比较广泛，且能带来许多商业办法，许多创业者的创业项目均来自于此。

（4）创造性。创造性是产生新奇事物或创意的必备要素，创造性能为创业带来新的动力和市场开发潜力。

2. 创业机会的识别方法

（1）趋势观察法。趋势观察法是指通过观察行业的市场趋势研究创业的方法。通过观察行业的市场趋势能够找到合适的创业机会，观察的趋势主要包括经济趋势、社会文化趋势、技术变革趋势、政治和制度趋势等。

（2）解决问题法。解决问题法是指通过对已经识别的潜在创业机会进行分析，把潜在的问题罗列出来，并找到解决问题的方法的一种识别方法。并不是所有的问题都是直接的商业机会，创业者要善于发现被问题隐藏起来的商业机会。一般问题可从我们的日常生活、新技术的推广和新兴行业的趋势中去寻找。

（3）市场研究法。市场研究法主要是指通过对市场信息的收集，了解不同行业的市场饱和程度、潜在的市场规模、市场定价和市场营销策略、市场空隙的研究抓捕其中的需求和空隙来进行创业的方法。

3. 创业机会的评估

创业机会的评估是指创业者在识别创业机会时，对这些机会进行的可行性评估。机会需要符合一定的标准才是真正的创业机会，而创业机会只有符合创业者的能力和目标时才是有价值的。创业机会评估应从两个方面出发，一是市场评估，二是产品本身的评估。

（1）市场评估，主要包括市场规模、市场成本结构、市场占有率、市场需求、市场影响力等。

（2）产品本身的评估，主要包括产品资金需求量、投资效益、存在生命长度和成长速度、产生利润的成本和实践、进入市场的障碍、顾客接受度、竞争优劣势等。

二、创业项目

创业必须有合适的创业项目。合适的创业项目才能激发创业者自身的热情，才能使其有奋斗的目标和方向。调查显示，在创业前期，80%的创业者都感到确定创业项目"十分头疼"、很难抉择。在创业失败的案例中，有60%的创业者都觉得是"创业项目不对"或"创业项目选择失误"造成的；在创业成功的人群中，70%的创业者都认为是"良好的创业项目成就了自己的事业"。创业项目如此重要，那么应该如何选择创业项目呢？

（一）选择创业项目的原则

1. 紧跟政策

创业必须要了解国家目前对哪些行业发展提供政策扶持，哪些行业被限制发展，哪些行业又禁止发展。紧跟政府政策扶持的行业，对企业以后的发展起着不可估量的作用。

2. 满足市场需求

创业项目的选择要以市场需求为出发点，以大众需要为方向进行创业。一般市场需求比较有潜力的项目有如下几类：一是民间金融项目，二是电子商务项目，三是服务项目，四是健康产业项目，五是互联网项目，六是新能源、低碳经济、环保经济项目。

3. 选择熟悉与擅长的领域

隔行如隔山，在自己熟悉的领域选择创业项目能够有利于自己的能力得到发挥，扬长避短；反之，创业风险会变大。

4. 因地制宜

在选择创业项目时，要依据自己想要创业的地理位置、人均消费情况、当地市场需求的供给关系等为出发点，做到"靠山吃山，靠水吃水"。

5. 量力而行

创业并不是规模越大越好，也不是资金越多越好。每一个创业者都必须根据自身的实际情况量力而行，要选择与自身财力、融资能力相匹配的项目。如果是自己出钱，那么应该选择那些投资少、规模小、风险小的创业项目。

6. 抵御风险能力强

选择创业项目时一定要考虑是否能够扛得住经济市场变动的情况。

（二）创业项目的选择策略

1. 首选享受政策优惠的创业项目

为鼓励大中专学生创业，各级政府和行政主管部门都出台了系列优惠政策，学生创业者可根据自身实际情况，从可享受优惠的项目中找到适合自己的创业项目。比如新办从事咨询业、信息业、技术服务业的企业，可免征企业所得税两年；新办从事交通运输业、邮电通信业的企业，第一年免征企业所得税，第二年减半征收企业所得税；新办从事公用事业、贸易、物资业、对外贸易业、旅游业、物流业、仓储业、居民服务业、饮食业、教育文化事业、卫生事业的企业，可免征企业所得税一年。

2. 选择初始投入资金少，资金周期短的创业项目

中职生创业能够获得的融资渠道往往比较少，启动资金多数情况下主要还是依靠父母。因此，中职生应尽量选择一些启动资金少、资金周转时间短的项目。

3. 避免技术性过高的项目

如果没有十足的把握，中职生创业要尽量避免选择在高科技领域创业，因

为在这些领域创业需要大量的启动资金，并且资金周转期较长，这无疑会给创业者造成严重的经济压力。可选的创业类型有：家教工作室、设计工作室、连锁加盟快餐店、校园小超市、校园速印店、服装店、小吃店、文具店、健身工作室等。

4. 选择具有一定市场前景且处于成长期的项目

中职生创业项目应尽量选择已经在市场上诞生，但还没有完全成熟的项目，如果是刚开发的新项目则不宜选择，风险太大。

5. 选择一些有特色的项目

有特色的项目通常指别人没有的项目、与别人不同的项目或是比别人强的项目。但是在选择时要注意：此类项目需要承担的风险比较大，需要的启动资金往往也比较多。

6. 选择人力较少的项目

创业初期，团队3以内人即可，这样既有利于节约资金，也方便管理。创业初期创业者要以开拓市场为主，等企业稳定了之后，再选择扩大规模。

7. 谨慎选择小众产品项目

小众产品，指能够满足市场上某一类消费人群的特殊需求的产品。建议尽量选择各类人群都需要的日常生活用品的行业。

案例解析

● 怎样才能发现创业的机会？

创业机会的来源很多，如技术需求的变化、行业需求和社会结构的变化、产业结构的变化、地区环境和政策的变化等都是创业机会的来源。

本章节开头的案例中，梁伯强以生产指甲钳进行创业并取得成功，主要是其抓住了技术变革需求和行业需求两大主要机会。第一，当时的指甲钳技术并不能达到让人满意的状态，这是梁伯强抓住创业机会的第一要素。梁伯强在生产指甲钳的过程中对技术进行了升级，让指甲钳的质量得到保障。第二，在当时生产指甲钳的行业中，市场并不饱和，需求大，梁伯强也抓住了市场行业的发展机会。所以梁伯强看到了商机，抓住了创业机会，并且取得了成功。

第二节 创业计划书

小苏经过多年研究,在利用太阳能方面取得了一项重大突破。如果这项技术能在实际中得到应用的话,其前景就会非常广阔,于是小苏辞掉了原来的工作准备创业。小苏注册公司后,所有的资金全部用尽,于是他想到了风险投资,希望通过合作伙伴来解决资金困境。为此,他多次与一些风险投资机构及个人投资者洽谈。虽然小苏反复强调他的技术非常先进、应用前景非常光明,并保证投资他的公司,投资者将会获得很大的回报,但他总是难以让对方相信。对于投资人询问的重要数据,如市场需求量具体是多少、一年可以有多大的回报率等,小苏均没有办法提供。

后来,一位做咨询管理的朋友提醒小苏,由于他的技术很少有人懂,而且没有创业计划书,所以没有人会相信他。于是,在向相关专家咨询的同时,小苏又查阅了大量资料。之后小苏开始从公司的经营宗旨、战略目标出发,对公司的技术、产品、市场销售、资金需求、财务指标、投资收益、投资者退出等多方面进行分析和论证。一个多月后他拿出了一份创业计划书初稿,经过几位专家的指点,他又对创业计划书进行了多次修改。凭着这份创业计划书,他很快与一家风险投资公司达成了投资协议,得到了资金支持,而且员工招聘问题也迎刃而解。如今,他的公司已经经营得红红火火。谈到经验,他总结道:"创业计划书不仅仅是写一篇文章,其编制的过程就是不断梳理创业思路的过程,只有创业者自己的思路清楚了,才能让投资者、员工相信你。"

【思考】

为什么小苏最后创业成功了?

一、创业计划书的定义

创业计划书是创业者创业思路的体现,是指创业者对创业信息的搜集和市场的研究进行的调查与分析,是为创业活动提供的一份完整、具体、详细、可操作的书面计划,主要内容包括创业方向、企业组织与发展规划、产品介绍、营销计划、财务规划、风险管理等内容。一份优秀的创业计划书能够让创业者获得技术或金额的投资,从而推动创业的成功。

  创业计划书容易与商业计划书相混淆。商业计划书是指具有国际惯例通用形式的带有标准文本格式的项目建议书,是全面介绍公司和项目运作情况,以及阐述产品市场竞争力和风险的书面材料,内容主要涉及项目未来的发展前景和企业的融资要求,其目的是为了获得投资者的投资。两者的区别如表7-1所示。

表7-1 创业计划书与商业计划书的区别

区别	创业计划书	商业计划书
使用者	初创企业偏多	初创企业、成熟企业均使用
目的	梳理创业思路	融资工具
阅读对象	创业者、合伙人	投资人
侧重点	工作重点、工作流程及资源安排,目的是根据计划书进行工作	盈利预期,商业运营计划,目的是打动投资人
格式要求	不做全部统一	标准文本,格式统一

二、创业计划书的特征

(一)创新性

  创新性是创业计划书的最鲜明的特征。创新性表现为:技术创新、营销模式创新、产品材料创新、产品内容创新、产品服务创新等。

(二)客观性

  创业者提出的项目和方案应该建立在大量的、充分的、详细的市场调研和分析的基础上。

(三)可行性

  创业计划书要有可行性,其创业项目必须在市场经济中可以得到具体的实施。只有具有可行性的创业计划书才能够把预测的产品价值和社会价值变成现实。

(四) 条理性

创业计划书的每一部分都应围绕创业的整体目标服务,并且能够反映创业活动的各项运作关系。

三、创业计划书的作用

一份优秀的创业计划书不仅能够吸引投资者的眼球,更能够有效地指导企业经营,帮助创业者理清发展思路。具体来讲,创业计划书具有以下作用。

(一) 对创业过程的指导作用

创业计划书的产生是一个长期的过程,是一个经过市场研究并对项目做出预测的过程,是创业者创业的方向和目标实施过程的计划,是创业的总纲领和总路线。

(二) 凝聚团队的动力

创业计划书对创业预期目标、产品价值及实现、企业组织架构、发展规划等都会详细阐述,有利于创业团队紧密团结在一起实现产品价值。

(三) 获得投资的重要参考

一份完整、详细、创新、可行的创业计划书包含了市场的最新动态和产品的潜在价值、竞争优势、技术优势,以及团队的团队优势等,是投资者投资创业项目的重要参考。

四、创业计划书的内容

(一) 封面

封面内容包括创业计划书名称、企业名称、创业者姓名、撰写时间、计划书使用时间段、联系方式等。封面可放企业项目或产品的彩图或企业商标。创业计划书的封面样例如图 7-1 所示。

```
┌─────────────────────────────┐
│                             │
│   创 业 计 划 书              │
│                             │
│                             │
│   企 业 名 称 _____    │
│                             │
│   创业者姓名 _____     │
│                             │
│   日    期  _____     │
│                             │
│                             │
│                             │
│   通 讯 地 址 _____    │
│                             │
│   邮 政 编 码 _____    │
│                             │
│   联 系 电 话 _____    │
│                             │
│   传    真  _____     │
│                             │
│   电 子 邮 箱 _____    │
│                             │
└─────────────────────────────┘
```

图 7-1 创业计划书封面样例

（二）摘要

摘要是对创业计划书的主要内容的概述，一般主要讲述企业概况、产品概况、产品生产过程、市场与竞争分析、人力资源管理、市场营销策略、融资方案、财务分析、风险应对策略等内容。

（三）目录

目录是创业计划书的提纲，目录按照计划书章节逐一排列，目录具有检索与导读的功能。创业技术书目录样例如图 7-2 所示。

目录	
一、企业概况	3
二、产品介绍	4
三、市场分析	6
四、市场营销策划	10

图 7-2 创业计划书目录样例

（四）正文

1. 企业介绍

企业介绍的目的是让投资者认识该企业，企业介绍涉及的内容有：

（1）企业基本概况，包括企业名称、组织形式、注册地址、联系方式。

（2）企业发展与现状，包括企业从成立到现在的准备过程、企业在市场中的具体情况。

（3）企业的产品竞争力，包括企业能提供的产品类别以及产品的优势等。

（4）企业发展规划，包括企业未来3~5年的发展规划。

（5）企业目标，包括企业在近1~3年内的发展目标。

2. 产品（服务）

产品（服务）是投资人最为关心的问题之一。这部分主要介绍企业的技术和产品的功能、应用领域、市场前景等。

（1）产品优势（着重介绍），主要介绍产品的功能有哪些，如何向消费者提供价值，如何填补市场空白，有什么样的竞争优势（可以配上产品的图片）。

（2）产品研究，主要介绍产品的研发过程，包括研发人员构成、所需材料、研发时长、产品专利等。

（3）新产品或服务规划，主要介绍与现在衔接的下一代产品或服务的具体措施和内容。

（4）产品利润，主要介绍该产品或服务能给企业带来的利润。

（5）技术描述，主要介绍技术的发展环境及独特功能，注意不要透露核心技术。

3. 市场分析

（1）市场目标分析，包括市场占有份额、目标顾客群、细分市场依据、五年内的生产收入和利润计划、营销策略等。

（2）行业分析，包括该行业的现状、行业未来的发展趋势，以及行业所有经济主体的概况等，并对行业的影响因素进行分类。

（3）市场预测，包括市场需求预测、竞争厂商现状分析、目标顾客和目标市场分析、产品的市场地位等。

4. 竞争分析

大部分创业者都有竞争对手，竞争对手在市场上为消费者提供的产品和服务均和创业者相似，并且在市场的资源配置和使用中对创业者产生一定的竞争性。因此竞争分析是每一个创业者都要考虑的问题。

（1）分析竞争对手的数量以及最大竞争对手。

（2）分析竞争对手的优势和劣势，了解竞争对手的新动向。

（3）分析潜在竞争对手的未来发展情况和影响。

（4）分析自家产品的优劣势，分析如何做到扬长避短。

（5）制定竞争策略。

5. 人员及组织结构管理

主要介绍部门的功能，核心管理人员及其职责，以及组织的投资结构概要等，特别是风险投资方会非常注重对企业人员和组织结构的评估。

（1）企业组织结构介绍，包括企业部门部署图，各部门的职责及负责人的介绍。

（2）主要管理人员介绍，包括主要管理人员的基本信息、工作履历、受教育程度、主要经历、综合素质等。

（3）组织管理战略，包括企业的报酬体系、企业的股东名单及股权占有情况、企业董事会成员及背景资料。

6. 营销策略及销售

企业发展的不同阶段其营销策略也不同，营销策略是决定创业成败的重要环节，营销策略的最终目标是提高并保持市场占有率。

（1）价格策略，包括出厂价与最终销售价，销售额和利润。

（2）渠道策略，包括各销售渠道的优劣势以及如何控制销售渠道等。

（3）促销策略，包括促销的方式与计划，即平日、节日、季节促销的方式与计划。

（4）营销团队策略，包括团队成员的背景、学历、工作经验、团队各成员的营销职责。

（5）市场策略，包括市场规模、顾客群、竞争模式、预计市场份额、市场策略的有效性调查与前景分析。

7. 财务规划

一份好的财务规划能够帮助企业降低经营风险，增强企业的评估价值，提高企业获取资金的可能性。财务规划一般要包括企业3~5年的生产运营费用和企业员工的收入状况，并将具体的财务状况以报表的形式展示出来。具体的财务规划内容包括以下几点。

（1）资金需求，包括资金需求量、所需资金到位时间、资金类型、资金来源、资金的用途等。

（2）财务表，包括损益预估表、资产负债预估表、利润表、现金流量表。

（3）财务分析，分析的因素有市场、客户、竞争对手、营运情况、产品、营业利润和亏损、财务表等。

8. 风险分析

创业必有风险，对风险进行分析以预防和应对为主。风险分析能让投资方对企业有全面的了解，更能体现企业对市场的洞察力和解决困难的能力。对风险的分析应从市场风险、技术风险、资金风险、管理风险等方面进行。

9. 附录

附录主要包括数据资料、问卷样本以及其他背景材料。一般附录内容有：企业营业执照、审计报告、相关数据统计、财务报表、新产品鉴定、商业信函、合同、相关荣誉证书等，其作用是提高企业的可信度。

五、创业计划书的撰写原则

（一）市场导向原则

创业需要以市场需求为出发点，这样才能获得利润。创业计划书要在对市场调研分析的基础上进行创作，要充分显示企业对市场现状的把握和对未来发展的预测。

（二）文字精练原则

创业计划书要直切主题，文字精练、观点明确才能够引起投资者的注意和兴趣，与创业计划书无关的信息要尽量避免。

（三）前后一致原则

创业计划书包含的内容多且杂，在撰写的过程中容易出现前后不一、自相矛盾的现象。如果出现这种情况，会让人难以理解，甚至对计划产生怀疑。所以，整个创业计划书前后的基本假设或预估要相互呼应、保持一致。

（四）呈现竞争优势原则

编写创业计划书的重要目的之一是为投资人或放贷人提供决策依据，借以融资。因此，创业计划书中要呈现出具体的竞争优势，显示出经营者创造利润的强烈愿望，并明确指出投资者预期的报酬。但同时也应该说明可能遇到的风险或威胁，不能只强调优势和机遇，而忽略不足与风险。

（五）便于操作原则

创业计划书是创业者拟定的创业行动蓝图，因此，它必须具有很强的可操作性，以便于实施。特别是其中的营销计划、组织结构、管理措施、应对风险的方法和策略等。

（六）通俗易懂原则

创业计划书中应尽量避免使用技术性很强的专业术语，过多的专业术语会影响读者的阅读兴趣，让他们觉得太深奥。因此，创业计划书中即使不得已要使用专业术语，也应该在附录中加以解释和说明。

（七）客观实际原则

创业计划书中的所有内容必须实事求是，即使是财务规划也要尽量客观、实际，切勿凭主观意愿进行估计。创业者必须事先进行大量的调查和科学分析，尽量陈列出客观、可供参考的数据与文献资料。

六、创业计划书的写作注意事项

（1）页数为15～20页最佳，采用A4幅面，一级标题用小二号楷体，小标题用四号黑体，正文用五号宋体，例证加斜体。

（2）字体、序号使用规范。
（3）是否具备索引和目录，以便团队或投资方查阅。
（4）前后数据计算准确。
（5）逻辑结构清晰，内容言简意赅。

● 为什么小苏最后创业成功了？

小苏创业的成功是由于他通过市场调查对创业面临的问题制作了一份详细、清晰、可行性较高的创业计划书。他凭借这份创业计划书获得了资金与创业团队。

第三节　企业办理

案例

小袁于2010年毕业于南京某中等职业技术学校的学前教育专业，毕业后的她一直在幼儿园工作。由于对孩子的喜爱，小袁在工作中考取了某些相关证书，如二级心理咨询师、美国正面管教价值讲师证书、早教教育指导师证书、高级家庭教师指导证书、蒙台梭利证书、感觉统合师证书、高级奥尔夫音乐训练指导师证书，这都是小袁认真好学、不断求取知识的证明。小袁在工作中不断地积累知识，对工作认真，年年被评为幼儿园优秀班主任、幼儿园优秀教师，同时还担任了幼儿园教研组组长，幼儿园的孩子和家长们都非常喜欢她。

小袁在2016年寒假的时候，萌发出了自己开幼儿园的想法。家里人对小袁开幼儿园的想法表示支持，但是开一所幼儿园并不容易，从占地面积到装修，一年至少需要几千万元的启动资金，而且还需要一定的人际关系，家里人觉得不可行。但他们认为小袁开一个小型的早教机构是可以实现的，需要的启动资金大约50万元就可以。小袁听了家里人的建议。于是便开始着手准备早教机构的事宜。最终在2018年暑假，小袁的早教机构开业了。

小袁谈道，一个新公司的开办不容易，从营销方案的策划、营销人员的配置、早教机构的推广方式等，都需要一系列的精心设计。一个公司从申请登记到投入市场以及之后的内部管理,均是一个复杂的过程。

【思考】

如何创办一个新公司?

一、企业类型

创业要想合法化,就必须根据国家工商管理流程进行登记和注册。依据我国民营企业的法律形态,企业可分为:个体工商户、个人独资企业、合伙企业、有限责任公司、股份公司。不同企业的法律形态在业主数量、注册资本条件、成立条件、经营特征、利润分配和债务责任方面均不同,具体见表7-2所示。

表7-2 不同企业类型的比较

企业工商注册类型	业主数量	注册资本条件	成立条件	经营特征	利润分配和债务责任
个体工商户(非法人企业)	个人或家庭	无资本数量限制	1. 要有相应的经营资金 2. 要有经营场所 3. 要起字号	1. 资产属于私人所有 2. 业主双重身份:劳动者和管理者	1. 利润归个人或家庭所有 2. 个人经营者,以个人资产对企业债务承担无限责任 3. 由家庭经营者,以家庭财产承担无限责任
个人独立企业(非法人企业)	个人或家庭	无资本数量限制	1. 投资者是一个自然人 2. 有合法的企业名称 3. 有申报的出资 4. 有必要从业人员 5. 固定生产经营场所	1. 财产为投资者个人所有 2. 业主双重身份:投资者和管理者	1. 利润归个人所有 2. 投资人以其个人资产对企业债务承担无限责任
合伙企业(非法人企业)	2人以上	无资本数量限制	1. 有2个以上的合伙人,并都依法承担无限责任 2. 有书面合伙协议和实际出资 3. 有合伙企业名称 4. 有经营场所	依照合同协议,共同出资,合伙经营,共享收益,共担风险	按照合伙协议分配利润,并共同对企业债务承担无限连带责任

续表

企业工商注册类型	业主数量	注册资本条件	成立条件	经营特征	利润分配和债务责任
有限责任公司（法人企业）	2～50人	股东出资额最低3万元	1. 2～50人发起，股东人数不超过50人 2. 固定生产经营场所和生产经营条件 3. 股东共同制定公司章程	1. 可不设董事会、监理会，但需设董事、监事各一名，定期召开董事会 2. 股东之间可相互转让出资额，经股东会半数股东同意即可转让给股东之外的人 3. 筹集资金方式只能由发起人筹集 4. 不能发行股票、不能上市	1. 每个股东以其出资额为限对公司承担责任 2. 股东按出资比例分配利润
股份公司（法人企业）	2～200人	最低注册资本500万元	1. 2～200人发起，股东人数无限制，股东人数在2～200人，半数以上发起人在国内有住所 2. 固定生产经营场所和生产经营条件 3. 股东共同制定公司章程	1. 必须设立董事会、监事会 2. 定期召开股东大会 3. 筹集资金方式可由发起人筹集，也可向社会筹集资金，并上市融资 4. 股东之间可以自由转换股权，不受股东会影响	1. 股东以其所持股份为限对公司承担责任 2. 股东按出资比例分配利润

📖【知识链接】

李某、王某、陈某、黄某、赵某拟共同组建一从事汽修的有限责任公司，注册资本200万元，其中李某、王某各以货币20万元、30万元出资；陈某以实物出资，经评估机构评估价值为40万元；黄某以其一项专利技术出资，价值100万元；赵某以劳务出资，经全体出资人同意作价10万元。全体股东首次出资额拟交60万元；其余部分拟在5年内缴足。公司拟不设董事会，由甲任执行董事；不设监事会，由陈某担任公司的监事。

这个案例中，有如下问题需要注意：

（1）在组建过程中，各股东的出资不符合《中华人民共和国公司法》的规定：全体股东的货币出资额不足注册资本的30%，另外不能以劳务出资。

（2）全体股东的首期出资符合法律规定，但是约定其余部分在5年内缴足不合法。

（3）公司拟不设董事会符合法律要求，因为股东人数较少、规模较小的有限责任公司可以不设董事会和监事会。

二、申办企业的流程

申办企业的流程包括：企业名称查询、报送审批许可经营项目、验资、申请营业执照、申办组织机构代码证、申办税务登记证、银行开设企业基本账户、申请发票购用簿。具体操作步骤及所需材料如下。

（一）企业名称查询

（1）申办人提供全体股东的身份证复印件。

（2）申办人提供公司名称2～10个，拟定经营范围，出资比例。

（3）到工商局名称预审窗口领取并填写《企业名称预先核准申请书》。

（4）全体股东在填好的《企业名称预先核准申请书》上签字并盖私章，递交窗口预审。

（5）如不重名发给《企业名称预先核准通知书》。

办理部门：工商管理局。

（二）刻章

所需种类：法人章（签合同和银行贷款可用）、财务章、公章（签合同可用）、发票专用章（开发票可用）。

办理部门：刻章部。

（三）报送审批许可经营项目

（1）法人和全体股东身份证复印件各一份。

（2）特殊经营许可项目还需相关部门报审盖章，如：食品餐饮行业须有卫生许可证，道路运输企业要有运营局的道路运输许可证等。特种项目：医疗器械销售、生产，酒类批发，医疗机构设立，旅馆，客房，报关业务，国画书法，航空运输销售代理业务等。

（四）银行开立验资户

所需材料：《企业名称预先核准通知书》原件及复印件、投资人的私章、投资人身份证原件复印件、经办人身份证原件复印件、开户费，以上材料根据银行要求。

办理部门：银行。

（五）验资

所需材料：银行询证函、对账单、进账单（银行直接邮寄会计师事务所）、《企业名称预先核准通知书》复印件、公司章程、股东会决议、租赁合同复印件、投资人身份证复印件、验资业务说明书、验资事项说明书（给会计师事务所）。

办理部门：会计师事务所。

（六）申请营业执照

所需材料：《企业名称预先核准通知书》原件、公司章程、验资报告、法人身份证原件、监事身份证原件、经办人身份证原件、公司设立申请书、房产证原件、租赁合同原件、代理材料、股东会决议。

办理部门：工商管理局。

（七）质监局办理组织机构代码证

所需材料：营业执照原件复印件、法人身份证复印件、经办人身份证复印件、公章、组织机构代码申请表。

办理部门：质量监督管理局。

（八）税务局办理税务登记证

所需材料：营业执照原件和复印件、组织机构代码证原件和复印件、法人身份证复印件、财务身份证复印件、经办人身份证复印件、产权证、租赁合同复印件、公司章程复印件、投资人身份证复印件、车船登记表、承诺书、加盖公章的税务登记表三份。

办理部门：税务局。

公司需在工商营业执照打印之日起，30天内申办国、地级税务局和地方税务局发放的税务登记证。

（九）银行开设基本户

所需材料：营业执照原件和复印件，组织机构代码原件和复印件，税务登记证原件和复印件，法人身份证原件和复印件，经办人身份证原件和复印件，公章、股东章、财务章、法人章。

办理部门：银行。

（十）办理发票购用薄

所需材料：办税人员身份证，办理发票购领本，公章、法人章、发票专用章、税务登记证原件。

办理部门：税务局。

案例解析

● 如何创办一个新公司？

一个公司的创办过程需要一个创业构想：市场调查、创业主打产品/服务、创业计划书、资金获得、人员配备等。若要把构想变成现实，则还要经过一系列的手续流程，每一个环节都需要不同的手续和不同的材料。

案例中，小袁开办早教机构的过程并非一帆风顺。原本打算开设幼儿园的小袁，在家人的建议下改为开设早教机构，原因是创办幼儿园需要的条件太多，包括占地面积、资金、人际关系等，这些都是小袁当时力所不能及的。

小袁创办早教机构从有想法到落实，中间花费了一年的计划和准备，如选址、装修、幼儿机构名称查询、经营项目的报备审批，到最后的银行开设企业基本账户和申请发票购用簿等，都需亲力亲为，其过程相当不容易。除此之外，在早教机构开始营业后，对机构的营销策划、课程设计、人力资源管理等，同样也是重中之重。

创业不容易，每一步都需要安排和计划，创业公司落地后，还要从人员管理、产品开发、产品服务、再需资金等方面进行细致的管理和计划。

第四节　企业管理与危机处理

2017年8月25日上午，看法新闻发表文章，爆出北京某火锅店严重的卫生问题，老鼠在后厨地上乱窜、打扫卫生的簸箕和餐具同池混洗、用顾客使用的火锅漏勺掏下水道。

当某火锅店的危机事件后，其先是发了两篇通告。

一篇是在其新浪微博发出的致歉信,回应称:"经调查,媒体披露的问题属实,这让我们感到非常难过和痛心,也十分愧疚,我们愿承担相应的经济责任和法律责任,也已布置在所有门店进行整改。"

第二篇是在当月的25日下午刊登某火锅店对改事件的处理通报,从通报中体现了某火锅店对企业面临危机问题时,勇于承认错误和承担责任的勇气和态度。

两天后,某火锅店官网发布《关于积极落实整改,主动接受社会监督的声明》,表示对北京食药监局的约谈内容全部接受,同时将媒体和社会公众指出的问题和建议,全部纳入整改措施。

某火锅店通过致歉信、刊登处理通报、接受整改措施等的公关危机处理办法,体现了作为一家品牌企业敢于承认错误和承担责任的勇气和态度,为其拯救、挽回自己的品牌发挥了重要的作用。

【思考】

企业危机无处不在,应如何处理?

一、初创企业管理

初创企业管理就是由初创企业管理人员或机构对企业的经济活动进行组织、计划、指挥、协调和控制的过程,以提高经济效益,实现赢利为目的的活动的总称。

(一)初创企业的特点

企业界通常把创业初期和发展期的企业定义为初创企业。一个新生的初创企业和成熟的企业有很大的区别,它具有高风险、高成长、高失败、高灵活性等特点。一般来说,初创企业的特点有:企业人员少、规模小、管理制度不健全、缺乏必要的资金、市场占有率小、产品知名度低、承受风险能力弱等。

(二)初创企业管理分类

初创企业要想在市场经济中立足,必须要做好企业的管理工作,创业者要有管理意识。初创企业管理者可从以下几方面进行管理。

1. 人力资源管理

(1)人力资源规划。根据企业的业务定位、规划来拟订人员的补充计划、晋升计划、配置情况、薪酬体系能规划。

（2）人力资源管理制度。主要包括考勤制度、人员招聘制度、基本薪酬分配制度、奖惩制度、培训制度、考核制度等。

（3）企业薪酬管理。主要从四个方面进行管理，一是了解市场行情，如薪酬分布、岗位要求、岗位稳定性。二是判断岗位价值，如岗位职责、岗位晋升途径、岗位条件。三是薪酬灵活性，不同类型的员工的薪酬待遇不同。四是薪酬的谈判方式。

2. 财务管理

（1）成本管理。成本管理根据支出的性质正确区分资本性支出和收益性支出。资本性支出是指企业为取得收益期在一年以上的财产而发生的支出，如购置房屋、设备、商标专利权等支出。收益性支出是指企业为取得本期收益所发生的支出，其受益期在本期，所以应当在支付时全部计入当期成本费用。正确区分成本费用，主要是原料支出、人工支出，具体可以通过财务报表和企业账簿进行区分。

（2）记账管理，主要对企业的收入和支出进行登记，记账方法有单式记账法和复式记账法。

（3）资金管理，主要是为了确保资金的合理安排和安全，使企业能够有计划地进行资金周转。

3. 功能部门管理

功能部门管理，又称"岗位管理"，是企业最常见的基本管理模式。企业建立一定的功能部门，形成特定的企业组织管理，对各功能部门规定职务或职位，明确权责关系有极其重要的作用。

4. 项目管理

项目管理是以项目为对象的系统管理方法，通过一个临时的、专门的柔性组织，对项目进行高效的计划、组织、指导和控制，以实现项目全过程的动态管理和对项目目标的综合垂直协调与优化。项目管理是以项目经理负责制为基础的目标管理。

5. 营销管理

（1）销售渠道与方式选择。产品的销售渠道一般分为零渠道、一级渠道、二级渠道和三级渠道。零渠道即产品制造商直接把产品销售给消费者；一级渠道是制造商把产品给零售商，零售商再把产品销售给消费者；二级渠道是制造商把产品给批发商，批发商销售产品给零售商，最后消费者再从零售商那里获得产品；三级渠道是消费者最终要拿到产品，首先的经过三个渠道：批发商、中转商、零售商。

（2）定价策略。定价策略主要分为高价策略、低价的薄利多销策略以及满意的平价策略。

（3）包装策略。包装策略包括等级包装、附赠品包装、套装包装、更新包装、异类包装等，不同的包装策略依据产品和服务的性质而定。

（4）客户管理。客户管理主要是对客户的分类、客户资料的搜集、客户档案的建立、客户的评价等方面进行分类管理，让客户的管理在企业营销管理中详细得当、归类得当。

6. 产品设计管理

（1）产品设计方法，主要有模块化设计法、计算机辅助设计法、面向可制造与可装配的设计法。不同产品或产品阶段所需求的设计方法不同，不同的创业企业所用的设计方法也可能不同。

（2）产品设计程序，产品设计程序的三个阶段包括"技术任务书→技术设计→工作图设计"。当然，每一个创业企业的产品设计程序可能会不一样。

二、企业危机类型

企业危机是指在企业经营的过程中，由于宏观大环境的突然变化（如国家标准、行业问题的暴露）以及企业在经营过程中没有按照规范进行生产运营，而由此引发的一系列危害企业的行为。但在实际过程中，凡是给企业的声誉、信用、经营造成负面影响的事件或是活动，都应被看成是企业危机。企业危机会对企业造成一定的伤害，如声誉受损、信任度下降、员工忠诚度下降、员工生产力下降、企业业绩下降等。每个企业在实际的运行中，或多或少都会面临企业危机。作为企业创业者，对危机的类型进行识别和管理能力，是帮助企业渡过难关的关键。常见的企业危机类型有以下几种。

（一）企业信誉危机

企业信誉危机是指企业由于管理不善或操作不当，使企业的信誉在市场中、社会上下降，对企业的经营造成了不良影响，使企业处于可能发生危险和损失的状态中。

（二）人力资源危机

只要企业在经营，就一定会涉及人力资源管理，因为人力资源管理不能从组织的日常中剥离，它影响了整个企业的方方面面。人力资源危机是企业管理不当、失控下产生的危机，主要有四种类型：企业文化危机、企业员工忠诚度危机、人力资源过剩危机、人力资源短缺危机。

（三）产品质量危机

产品质量问题是企业最常见的问题，产品质量危机也因而成为最常见的危机，它关系到整个公司的生存。产品质量问题能够引起消费者对公司的信任度下降或是消失。公司信誉如果受到影响，很可能会引发公司产品销售量下滑，严重的甚至会造成公司的运营亏损。产品质量危机如果发生，企业应该不惜一切代价迅速回收市场的问题产品，并利用大众传媒告知公众事实的真相和退回劣质产品的方法。

（四）决策危机

主要是由于企业的决策失误导致的危机。企业不能根据市场环境和政策的变化而调整、制定新的经营策略，导致企业经营亏损，无法经营，甚至破产。

（五）灾变危机

灾变危机是由于自然灾害和不可抗拒的社会灾乱而造成的危机，如地震、台风、洪水等自然灾害，以及战争、重大工伤事故、经济危机、交通事故等造成巨大损失的危机。灾变危机大多是不以企业的意志为转移的突发性危机。

（六）媒体危机

媒体危机是指在新闻报道的过程中，由于新闻媒体对企业的一些事故、法律纠纷、丑闻、管理等的报道，从而使得企业形象受损、信誉下降等产生的企业危机。大众对企业的了解往往都是通过媒体的报道，因此，媒体危机一定要引起企业的重视。

（七）竞争危机

竞争危机一般体现在同行之间，竞争无刻不在，包括产品质量、产品服务、企业形象以及人力资源管理等多方面的竞争。

（八）关系纠纷危机

关系纠纷危机是由于管理者经营理念的错误或不正当的经营方式，让企业在经营过程中忽略了某种因素，如经营道德、员工对消费者的态度、产品某一个材料的安全性问题，从而造成关系纠纷而产生的危机。

（九）品牌危机

品牌危机是指在企业发展过程中，由于企业自身的失职、失误，或内部管理工作中出现的缺漏等，从而引发的品牌被市场吞噬、毁掉直至销声匿迹危机。公司遭遇品牌危机则会出现公众对该品牌的不信任感增加，销售量急剧下降，品牌信誉度遭受严重打击等现象。品牌是企业的一部分，越大的企业对品牌的依赖程度越高，因此，对品牌危机的意识要引起高度关注。

（十）财务危机

财务危机又称财务困境，是指企业不能偿还到期债务的危机，其极端形式是企业破产。财务危机包括经济失败、技术性无力偿债、资不抵债、破产等，财务危机是状态和结果的动态过程。经济失败是财务危机的开端，无力偿债和资不抵债表明公司已经处于严重的财务危机状态，破产则是财务危机的一种极端表现形式，也是财务危机的结果。

一般出现财务危机时的处理方法是进行重组和清算。重组包括资产重组和财务重组，资产重组主要有：出售主要资产、与其他公司合并、减少资本支出及研究与开发费用；财务重组主要有：发行新股、与银行和其他债权人谈判、以债权置换股权。清算又包括解散清算和破产清算。

📖 【知识链接】

财务危机类型

1. 经济失败

经济失败是指企业收入低于包括其资本成本在内的全部经营成本。如果企业的投资者同意，并继续向企业投入资金，则这类企业可以继续承受较低的投资收益率（有时甚至是负的投资收益率）经营下去。但是，如果企业不能在一定时间内扭亏为盈，而投资者又不肯不断提供新的资金，这类企业的资产由于无法更新而逐渐减少，最终要么宣布破产，要么减小规模。

2. 技术性无力偿债

技术性无力偿债指企业无力偿还到期债务的情况。这种情况的出现可能是由于企业暂时资金周转不灵，安排调度不当造成。

3. 资不抵债

当企业总资产的市场价值低于其总负债的账面价值时，企业就陷入资不抵债的境地了。这是由于企业收不抵支而导致的全部债务不能偿还。资不抵债比技术性无力偿债严重得多，常常会导致企业破产清算。

4. 破产

企业因无力偿债而根据法律正式进入破产程序。

📖【知识链接】

企业清算是指在企业终止过程中，为了保护债权人、所有者等利益相关者的合法权益，依法对公司财产、债务等进行清理、变卖行为，以终止其经营活动，依法取消其法人资格的行为。企业清算分为解散清算和破产清算两种类型。

1. 解散清算

解散清算是公司因相关原因导致解散，按照公司法的程序进行清算的过程。在解散清算过程中，清算组发现公司资产不足以清偿债务，且无法通过协商机制解决的，应将清算程序转为破产清算。公司解散清算的原因包括：营业期限届满、公司章程规定的解散事由出现、股东会决议解散、被吊销执照或责令关闭，等等。

2. 破产清算

破产清算是公司被宣告破产时，依照破产法的相关程序进行清算的过程。破产清算的原因是因公司资不抵债，不能清偿到期债务，且资产不足以清偿全部债务或明显缺乏清偿能力。

三、企业危机的管理方法

（一）树立强烈的危机意识

企业首先要在思想上树立危机意识，在日常的经营过程中要有居安思危的忧患意识。树立危机意识首先要对员工进行危机管理教育，让员工时刻把与公众的沟通放在首位，与社会各界保持良好的关系，消除危机隐患。其次是开展危机管理培训，让员工掌握面对危机的技巧，提高危机处理能力和面对危机的心理素质，做到在公众面前从容淡定，进而提高企业员工的危机管理水平。

(二)建立危机预防系统

首先要认识到有何种预警的信号会发生危机,如员工的不满情绪表现、顾客对产品质量的质疑、顾客对服务的不满、没有危机管理计划等。其次要对预估、预警的危机信号进行分析,可以通过员工、媒体、管理层等方面获取信息,罗列出最可能发生的危机、近期内可能发生的危机以及不可能发生的危机。再次要将这些潜在的危机预警信号建立防范措施。最后要做好信息的分类和分析,在必要时发出危机警报。

(三)建立危机管理机构

在危机发生之前,制订危机处理工作程序,明确主管领导和成员职责。各部门在危机发生时要做好自己的工作,以帮助企业度过危机。

(四)制订危机应对计划

危机应对计划包括危机的管理目标,危机发生时立即采取的步骤,企业第一发言人、第二发言人等,危机人员协调流程,危机发生时需要联络的政府部门名单与联系方式,危机发生时的媒体机构的联系方式等。

(五)危机处理模拟训练

企业可模拟"最有可能"发生的危机情况,让涉及危机管理的有关人员必须参与,模拟角色,如权威人员、企业发言人、媒体报道、顾客、供应商等。

(六)快速应对危机事件

危机一旦发生,企业就要迅速反应,采取措施控制事态的发展。企业要在危机发生的第一时间及时表态,向公众表明企业对事件的重视态度,并与国家有关部门进行沟通,及时公布最新消息。

(七)主动承担责任,拿出解决方案

企业一定要秉着公众利益至上的原则解决问题,从公众的角度处理问题,并且要以最快的速度拿出处理危机的计划。企业可以通过召开新闻发布会告知公众企业处理危机的具体措施、进展计划,还可以邀请权威机构一起辅助调查,以赢得公众的信任。

（八）危机后的反思与整顿

危机的发生必然会造成企业某种程度上的损害。当危机处理后，一定要对危机的管理工作进行全面的评估，如危机对公司的销售及声誉的影响程度，危机结束的标志有哪些，从危机的处理方式、人员的应对方式、组织内部的管理方法等方面进行反思。同时对危机管理中的各个问题进行归类、分析、总结与评估，并提出改正的措施，更新与完善危机管理的相关内容。

● 企业危机无处不在，应如何处理？

企业危机无处不在，在处理企业危机时，企业管理者要能够识别企业危机的类型，是企业信誉危机，还是人力资源危机，或者是产品质量危机，然后根据不同的危机类型进行相应的处理。

某火锅店发生的企业危机可归纳为企业信誉危机、品牌危机。在危机爆发后的第一时间向社会众人承认错误并承担责任，向消费者传达了某火锅店是一家事件责任到人、对员工负责的企业，在消费中心中树立关怀员工、体恤员工的好企业，那么消费者对某火锅店的形象也一定不差，在情感上从而原谅了某火锅店的过错。某火锅店通过这一危机的公关处理办法，化解了企业危机。

【讨论与思考】

1. 选择创业项目有哪些原则？

2. 创业计划书的结构主要有哪些？

3. 企业类型有哪些，它们的异同点在哪里？

4. 简述创办企业的流程。

5. 当公司出现危机时，应如何应对？